Je vous livre le roman que j'aurais voulu avoir étant plus jeune. J'y partage mon expérience personnelle et des connaissances acquises au gré de quelques années de recherches. Il m'aurait évité bien des écueils et des difficultés si je l'avais eu à portée de main. En espérant qu'une phrase ou une idée vous aidera à avoir les bonnes réactions et choisir les bonnes personnes.

Du même auteur :

Le Tunnel des Bâtisseurs
Nouky Chien Perdu

Le réveil du héros intérieur

Frédéric Diaz

© Frédéric Diaz, 2023
ISBN : 978-2-9539093-9-5

Le réveil du héros intérieur

Chapitre 1

Teva Robinson était au sommet d'une montagne himalayenne. À ses pieds s'étalaient des pentes vertigineuses sur lesquelles seuls les humains les plus fous oseraient s'aventurer. Mille mètres en contrebas, leur succédaient des pentes plus douces mais tout aussi blanches et glacées. Plus loin, un décor grandiose s'étendait à perte de vue où des cumulus gris, blancs et roses courtisaient les sommets enneigés. Les chaînes de montagnes, dont la beauté sauvage faisait frémir les plus endurcis, se succédaient les unes aux autres jusqu'au-delà de l'horizon. Plus près, sommets escarpés et pics verglacés se dressaient autour de lui tandis que les vents d'altitude et les rochers découpaient les nuages en lambeaux et que des volutes de neige se précipitaient dans le vide.

Nul signe de vie ni même de traces sur la glace. Il était seul dans un endroit désolé et froid.

Que faisait-il ici ?

Il se rendit brutalement compte qu'il était en t-shirt et short hawaïen.

— J'ai froid, lâcha-t-il d'un coup en grelottant.

Il entendit un inattendu crissement de pas derrière son dos.

— Viens avec moi, lui répondit une voix féminine. Je te montrerai un trésor au fond de toi et le pouvoir qu'il recèle.

Un trésor ? Où ça ? Quel pouvoir ?

Les questions se bousculèrent pêle-mêle dans son esprit engourdi.

Un coup de vent violent le gifla soudain et le fit tituber. Transit de froid, les muscles paralysés, il n'eut pas le réflexe de faire un pas en arrière et de prendre la main qu'il imaginait en dehors de son champ de vision. Elle était pourtant sa seule chance de survie. Il étendit les bras sur les côtés pour retrouver son équilibre mais la pente abrupte sous ses pieds l'attira comme un aimant et il tomba sur la glace. Alors qu'il glissait de plus en plus vite vers l'abîme, ses mains nues essayèrent de s'accrocher aux rochers. Il ne réussit qu'à s'écorcher la peau en laissant une longue traînée de sang sur le toit du monde. Inexorablement entraîné vers la falaise en contre-bas, il tendit la main vers la femme dont les paroles résonnaient encore à ses oreilles. Un pouvoir ? Quel pouvoir ? Rien ni personne ne pouvait plus le sauver. Il allait se tuer misérablement en montagne.

Puis ce fut une chute dans le vide et un hurlement déchirant.

Il se réveilla en sursaut dans son lit. Le nom qu'il cria disparut rapidement dans les brumes du rêve tel un chat sauvage effrayé à l'idée qu'on ait pu déceler son existence. Il lui fallut une poignée de secondes avant de se rendre compte où il était.

Il reconnut tout d'abord la moustiquaire puis le mobilier familier de sa maison à Tahiti. Il faisait bon ici. Le souffle calme et léger des alizés soulevait les rideaux en apportant avec eux la respiration lancinante et profonde des vagues du Pacifique sud. Un rayon de lune filtrait à travers la fenêtre grande ouverte. Malgré cela, dans un recoin de la chambre persistèrent quelques secondes encore les images de la scène qui venait de perturber son sommeil. Ce n'était qu'un mauvais rêve. Toujours le même, troublant de réalisme avec les mêmes éléments ; le froid intense, les pentes vertigineuses, les paroles sibyllines de la même femme, le jet stream hurlant et les immensités magnifiques dont les alpinistes n'ont d'autre souhait que de s'imprégner. Le rêve était plein d'une atmosphère pénétrante et envoûtante qui le faisait paraître aussi réel que sa vraie vie. Que devait-il faire ? Où devait-il aller ? Quelqu'un essayait-il de communiquer avec lui ? Qui ? Pourquoi ?

Absorbé par ce tourbillon d'émotions et les yeux fixés sur ses mains intactes, il ne lui vint pas à l'esprit que les prémices d'un changement avaient éclos et qu'il cheminait déjà vers une destinée hors du commun.

Chapitre 2

La première fois que Teva Robinson mit les pieds dans mon cabinet ce soir du douze Octobre, je ne vis qu'un banal adolescent mince et à l'allure sportive, un "demi" à la double culture polynésienne et française accompagné d'un border collie à la robe noire et blanche, le chien préféré des bergers. Je remarquais d'abord son dos droit, ses épaules solides et ses yeux brun foncé. Il y avait cependant dans sa façon de marcher une sorte d'aura invisible et néanmoins perceptible qui fit résonner une partie de mon inconscient. Je devinais un jeune homme qui avait appris à relever le menton. Il me fallut quelques semaines pour comprendre que j'avais en face de moi une personne au potentiel extraordinaire dont les réalisations dépassaient l'entendement.

J'ai bien conscience que ce que je vais relater dans ce journal va vous paraître incroyable. C'est incroyable. J'ai moi-même eu beaucoup de mal à en admettre la véracité. C'est l'histoire d'un jeune homme qui voulait donner un sens à sa vie et une explication sur les raisons de sa présence ici-bas. Il obtiendra bien plus que cela. Le dénouement sera déstabilisant pour certains et inacceptable pour d'autres mais je vous assure qu'il est basé sur des faits réels.

J'écris ces quelques lignes dans mon cabinet médical à l'abri de ceux qui voudraient me faire passer pour fou ou des autres qui essayent de me faire taire. Ils y arriveront peut-être mais j'aurais tout tenté pour laisser une trace de ce que j'ai vu et entendu.

Je dois mettre tous ces événements sur papier, d'abord pour garder la raison et ensuite pour faire miroiter une lueur au milieu de la nuit. Face aux événements déstabilisants que nous traversons, où la pensée irrationnelle a pris le pas sur le bon sens et où l'évolution de l'humanité dans son ensemble amorce un virage dangereux, je n'ai que la pâle lumière des mots pour vous entretenir de l'espoir qui nous reste peut-être, car je crois pouvoir vous le dire dès à présent, Teva Robinson n'est pas seul.

Je suis le docteur Umphrey Bolt, médecin hypnothérapeute officiant à Tamanu Punaauia, Tahiti, une île de Polynésie française dont certains lieux sont troublés de manifestations où les esprits cartésiens perdent leurs certitudes et leur aplomb. Mon travail consiste à plonger mes patients dans un état de transe et à m'adresser à une partie d'eux-mêmes dont ils ne sont la plupart du temps pas en mesure d'apprécier les pouvoirs. Dans ce cabinet, ils rencontrent des êtres plus grands qu'eux-mêmes dans un univers fabuleux qui leur fait admettre que le monde est plus vaste à l'intérieur qu'à l'extérieur.

Teva Robinson s'approcha donc, alors que je l'attendais à la porte du cabinet. Je l'invitai à s'asseoir, ce qu'il fit non sans un moment d'hésitation comme avant de franchir un point de non retour. Son chien, qui répondait au nom de Arrow, levant un œil distant vers moi, fit le tour de mon cabinet et choisit de se lover aux pieds de son protecteur sans que celui-ci lui en ait apparemment donné l'ordre. Je posai la sempiternelle question que tous les médecins, je suppose, partagent.

— Qu'est-ce qui t'amène ?

Le jeune homme soutint mon regard. Le sentiment diffus de léger malaise mêlé d'incompréhension que j'éprouvai alors n'était pas dû à mon tutoiement qui est, je dois le préciser, de mise en Polynésie. Il sembla chercher ses mots ou hésiter ou les deux à la fois puis, d'une voix posée, ouvrit la bouche.

— Je viens te voir parce que j'ai, disons que je me sens un peu perdu en ce moment. Je ne sais pas à qui parler. Mon médecin m'a prescrit des médicaments mais je sais que je ne suis pas malade. J'ai juste besoin de retrouver mes repères et de reprendre confiance en moi. La vérité est que j'ai tout pour être heureux mais je ne suis pas heureux. J'ai l'impression que quelque chose ne tourne pas rond dans ma vie.

D'un coup d'œil sous le bureau, je remarquai l'attitude du chien, qui avait couché tristement les oreilles. Il paraissait comprendre ce dont son compagnon parlait.

— Je te rassure, tu n'es pas le seul dans ce cas. Mais avant d'aller plus loin, peux-tu me dire comment tu as entendu parler de moi et quel âge tu as ?

— Dix-sept ans, bientôt dix-huit. Une amie est venue te voir récemment. Dominika ? (Je secouai la tête en tordant la bouche pour lui signifier que je ne me souvenais pas d'elle.) Elle m'a affirmé que tu as de rares qualités et que ta fréquentation ne peut être que bénéfique.

— Tu m'en vois ravi.

Je ne trouvais que cette répartie. Le regardant de côté, je sentis une hésitation. Je l'encourageai malgré tout à continuer en soulevant les sourcils, expression faciale caractéristique des Polynésiens et que je fis mienne sans en prendre réellement conscience. Commença alors un soliloque entrecoupé par quelques questions de ma part.

— J'énumère tous les côtés positifs de ma vie, continua mon patient, et il y en a plein, mais je n'arrive pas à me sentir bien dans ma peau. Je me lasse de tout et je perds toute ardeur pour mes anciennes activités.

— Qu'est-ce que tes parents disent ? Demandai-je avec une petite idée derrière la tête.

— Je ne les ai plus. (La nouvelle me fit l'effet d'un coup dans le ventre. Je baissai les yeux.) Un stupide accident d'avion. J'ai l'impression que l'apathie me gagne, tu comprends ? (Je relevai le menton et le fixai à nouveau.) Avant, j'étais emballé pour chanter, composer des chansons, m'entraîner ou organiser une ascension en haute montagne. Mais maintenant, je me sens souvent dans un état bizarre ... morose. Je n'ai plus vraiment de centre d'intérêt comme si quelque chose s'était brisé et que plus rien ne tournait rond, non seulement dans ma vie mais aussi dans le monde. Je sens une charge dans le creux de l'estomac, un poids dont je n'arrive pas à déterminer l'origine. Même la lumière a perdu de son éclat. C'est très étrange. À cela se mêle la peur du silence au sein de mon couple, de la routine et de son corollaire, le mensonge. Je mens. Je fais semblant que tout va bien. Mais tout ne va pas bien. Je feins des sourires, la joie de vivre, le plaisir et tout le reste. Je pense à ce qui ne va pas au lieu de me dire que la vie est belle et puisque nombre de gens font face à la maladie et au malheur partout où je regarde, je me sens obligé de ravaler mon mal-être et l'envie de pleurer. Pour couronner le tout, j'ai le sentiment de perdre mon temps à l'école, où rien n'a de sens. Résultat (il marqua une courte pause) ; c'est comme si j'étais sur le point d'exploser.

Teva Robinson était en train de vider son sac mais il préféra ou n'eut pas l'idée d'utiliser le mot qui fait peur. La vérité est qu'il ressentait un vide intérieur, ce vide qui le poussait à consommer de façon compulsive et le réveillait parfois au milieu de la nuit.

Ce vide intérieur est dû à un phénomène qu'il me semble important de mettre en avant ici. Il s'agit du sentiment d'impuissance, la sensation diffuse mais constante que nous n'avons pas le pouvoir de contrôler les événements de notre vie et que tout nous échappe. Je n'abordai pas ce sujet avec mon patient, ignorant alors que sa longue et périlleuse quête allait lui donner tout loisir de le traiter.

— Tu te sens cafardeux et un peu déprimé ?
— Oui, c'est ça. Tu connais ?
— Très bien. Le malaise que tu décris est de plus en plus fréquent et touche bientôt une grande partie de la population des pays riches.
— Ah bon ? Je ne suis pas le seul, alors.
— Non. Je te l'ai dit.
— J'ai l'impression d'avoir tout pour être heureux mais je n'y arrive pas. Mon rêve était de m'installer à Tahiti, l'île de mon enfance où je me sentais bien avant. Je me sens un peu mieux, c'est vrai, mais mon vague à l'âme perdure. Il manque quelque chose à ma vie mais je suis incapable de déterminer de quoi il s'agit. Puisque je ne trouve pas la solution aux problèmes, je me dis que c'est parce que je suis nul et donc je culpabilise. Je suis tout le temps en train de me dévaloriser, de me trouver trop moche, pas assez intelligent ou pas assez riche.

Il fit une pause comme pour jauger ma réaction.

— Je te comprends parfaitement. Je connais pas mal de gens qui ont changé de mode de vie et ont quitté la France pour un pays tropical tel que la Polynésie pour les mêmes raisons que toi.

L'allusion que j'ai personnellement eu la même réaction lui échappa-t-elle ?

— Ah bon.
— Une autre motivation ? M'informai-je en essayant d'accrocher son regard sans y parvenir.

— Non, aucune. (Sa réponse me parut un peu empressée. Il détourna la tête.) Peux-tu faire quelque chose pour moi ? enchaîna-t-il.

Je n'allais pas lui dire non, bien entendu. Il fallait que je fasse marcher mon business.

— Je pense que oui. L'hypnose sert à se débarrasser de ce genre de problème.

Comprenant peut-être inconsciemment que lui et moi étions semblables, il se lâcha peu à peu. Nous entamâmes alors une discussion qui allait nous emmener au-delà de ce que nous pensions raisonnable.

— Pour couronner le tout, je vis en ce moment des événements un peu, comment dire, bizarres.

Les faits qu'il était sur le point d'évoquer me sembleraient gênants tout d'abord, puis déconcertants. J'étais tout ouïe car, outre mon désir de régler les névroses de mes patients, et étant conteur d'histoires à mes heures perdues, je puisais dans mes séances d'hypnose matière à inventer ou à alimenter mon imaginaire.

Ce fut d'ailleurs l'une des raisons qui firent de moi l'hypnothérapeute que je suis aujourd'hui. Je voulais que mon travail soit source de faits extraordinaires, d'inspiration et de fantaisie. Mon métier de médecin généraliste ne m'apportait pas satisfaction à ce niveau. Je vendais des médicaments à longueur de journée et un soir, comme je tournai les yeux vers la fenêtre de mon cabinet, me vint un constat déstabilisant ; je ne soignais pas les gens et de ce fait, je n'étais pas à ma place. Ma vie telle qu'elle était ne me satisfaisait pas. Je voulais autre chose, un rythme de vie plus varié et enthousiasmant.

Il y avait une autre raison qui me poussa vers l'hypnothérapie, plus troublante et dérangeante. Mais celle-ci, je vous la révélerai à un moment plus opportun quand j'en viendrai à ce que Teva Robinson a découvert sur lui-même et sur nous tous.

Au cours de mes années de pratique, mes patients, dont ce jeune homme était l'un des plus intéressants, me servirent copieusement des histoires surprenantes. Je n'aurais pas assez d'un seul volume pour les consigner. Disposant d'une mémoire me permettant de fixer un livre entier ou d'enregistrer sans faille les détails d'une conversation, je m'engage à vous rendre son récit fidèlement et sans parti pris.

Il habitait à Taravao sur la presqu'île de Tahiti, dans un faré typiquement tahitien derrière lequel sinuait un chemin de terre menant à la brousse. Cette dernière disait-on, mais je vous rassure, ce n'était qu'une légende, abritait des êtres pour le moins inhabituels. Mais là aussi, j'aurais l'occasion de vous en dire davantage.

Pour Teva Robinson, cette aventure avait commencé à Tahiti alors qu'il était enfant et qu'on lui racontait des histoires de Tuamotus et d'îles perdues au milieu du Pacifique sud, îles où il passa les huit premières années de sa vie. De cette période résonnaient dans ses souvenirs des bribes éparses et gaies ; les vagues contre le récif, le lagon bleu, ses jeux insouciants sur les plages de Moorea et le sentiment de plénitude qui l'avait surpris aux côtés d'une petite fille à la crinière de lionne qui, sans un mot dont il put se rappeler, avait fracturé les deux grilles de son âme pour y faire jaillir des étincelles de bonheur. Ces évocations le ramenaient inlassablement vers Tahiti de la même façon qu'une noix de coco au milieu de l'océan finira par s'échouer sur une plage de sable blanc.

Un jour, il y retournerait.

Tandis que l'adolescence prenait le pas sur l'enfance chez sa tante à Chamonix, vinrent les années lycée et la découverte de l'athlétisme. Après un entraînement rigoureux dans ce domaine, il remporta plusieurs courses à haut niveau. Dans le même temps, il se passionna pour la haute montagne. Dès l'âge de quinze ans, il se rendit compte qu'il grimpait plus vite que les autres grâce à ses grandes jambes et son poids léger. Par la suite, Le fait d'attendre ses coéquipiers devint source d'énervement, de conflits, de fatigue et donc de danger. De ce fait, il prit l'habitude de faire des ascensions seul et vite. À l'âge de seize ans, il avait ainsi gravi en solo le Mont Blanc, la Barre des Écrins et vingt autres aiguilles de plus de 4000 mètres.

En semaine, il se rendait au lycée et honorait ses entraînements d'athlétisme. Le week-end, il gravissait un nouveau sommet, remisant ainsi dans un tiroir au fond d'un grenier poussiéreux son rêve de paradis dans les îles du Pacifique sud et ses aspirations d'antan.

En dépit de son hyperactivité, ses journées s'accompagnaient du sentiment souterrain d'être pris au piège et d'avoir été dupé. Ses études de lycéen ne le dirigeaient pas vers plus d'imagination ou de connaissance de soi mais vers les réalisations des autres dont il était le jouet et dont la seule ambition était de justifier leur salaire à la fin du mois.

L'évocation même du bonheur n'était dans l'escarcelle ni de ses enseignants ni de ses aînés. Que pouvait-il espérer d'un monde où le seul subterfuge pour faire taire la petite voix intérieure gesticulante mais avare de mots était de gravir des montagnes plus belles les unes que les autres mais qui ne l'apaisaient que passagèrement ?

Désabusé, il lui vint à l'esprit qu'il ne comprenait pas dans quel guêpier il se trouvait, ni comment en sortir.

Quant aux farauds du petit écran, il se rendit rapidement compte qu'ils n'étaient pas ce qu'ils prétendaient être et qu'ils tissaient les fils d'un traquenard visant à mystifier et abuser.

Alors, imitant ses camarades et ses pairs, il courba le dos parce qu'il le fallait bien, la soumission étant un carcan consenti un temps et un plat froid aux grandes ailes mais au train d'atterrissage défectueux.

Pendant plus d'un an, il ne cessa d'étouffer cet appel au fond de lui qui n'avait de cesse de faire du tapage pour lui faire entendre raison et l'inciter à claquer la porte devant cette insupportable faribole.

Et un beau jour, las et fourbu mais encore lucide, il mit un coup de pied dans la fourmilière et prit le taureau par les cornes.

Chapitre 3

Il me raconta ainsi le premier phénomène qui le déstabilisa et le poussa finalement à sortir de sa zone de confort, pour une zone, mais cela il ne pouvait le savoir à l'avance, plus inconfortable encore.

Depuis qu'il s'était séparé de sa copine, il avait toujours ce sentiment d'être seul et de ne compter pour personne, commença-t-il. Elle ne le quittait jamais celle-là, sa solitude. Il fit le bilan des gens auxquels il pouvait se confier. Bon. Tant que cela ? Il devait en oublier quelques-uns, c'est sûr. En compulsant sa liste de contacts téléphoniques, il comprit à nouveau qu'il n'y avait personne.

Son chien le fixa en redressant une oreille. Il lui répondit par un sourire attendri pendant quelques secondes et une caresse sur son museau blanc. Puis il détourna le regard.

Qu'allait-il faire maintenant pour combler le vide dont je vous parlais tout à l'heure et qu'il sentait dans le creux de l'estomac ? fumer ? Non, ça pue. Se soûler ? Pas son style. Crier ? Déjà fait. Pleurer ? C'était déjà fait. Aucun effet positif. Comment se sortir de ce malaise ? Grignoter un carreau de chocolat noir à la menthe ?

Il savait que cela ne fonctionnerait pas bien longtemps. Une séance de yoga ? Il en avait déjà fait une qui l'avait relaxé un moment ce matin, mais l'angoisse et le vague à l'âme étaient revenu peu après et s'était installés confortablement dans son esprit alors qu'ils n'y étaient pas invités et qu'il ne voulait pas d'eux.

Machinalement, il ouvrit son ordinateur. Il tapa quelques mots qu'il allait vite oublier mais qui auront un impact sur la suite de cette histoire. Ensuite, il sortit.

En marchant dans sa rue à Aix-en-Provence, il fit un bref bilan de sa jeune vie pour constater qu'il était à l'aise sur le plan financier, qu'il faisait bon, que les oiseaux chantaient et que son chien était en bonne santé. Tout allait bien alors, Non ?

Non.

Soudain, au moment où il s'y attendait le moins, une voix féminine derrière lui.

— Anat... Teva !

Le jeune homme se retourna en même temps que son chien, qui leva une oreille de surprise.

La femme paraissait essoufflée. Nul doute qu'elle avait couru. Le jeune homme vit à son attitude qu'elle essayait de retrouver son calme et elle y réussit rapidement. La femme, une jolie blonde d'une quarantaine d'années, la chevelure abondante, le dos droit et les épaules hautes, avait un sourire désarmant au bord des lèvres et des yeux pétillants qui le dévoraient. Il émanait d'elle une douceur que, après coup, Teva qualifierait de naturelle.

— Enfin ! Souffla-t-elle. Il m'a fallu beaucoup de temps pour arriver jusqu'à toi, Anatil. Je suis contente de t'avoir trouvé. C'était périlleux mais à force de persévérance, tu es là.

Le chien tourna la tête d'incompréhension en levant l'oreille droite.

— Vous faites fausse route. Je m'appelle Teva.

Le ton était teinté de suffisance, celle-là même que l'on affiche lorsqu'un plus sage que nous s'abaisse à notre niveau.

— Teva Robinson. Je le sais, l'interrompit-elle en secouant la tête. Désolée de te le dire aussi brusquement mais tu n'es pas celui-là.

— Quoi ? Vous avez un problème, madame.

Un silence, puis les lèvres de son vis-à-vis s'étirèrent.

— Je sais que tu es désemparé. Mais il faut que tu saches une chose ; Tu n'es pas seul. Tu n'as aucune crainte à avoir car, ce que tu vas sans doute découvrir dans peu de temps, tu viens de t'engager dans une grande aventure.

— Une aventure, mais ...

Le chien fit un pas en arrière. Son compagnon ne finit pas sa phrase, à la fois réconforté par les mots et apeuré.

La femme s'approcha un peu plus de lui comme pour lui susurrer quelques mots à l'oreille. Il ressentit alors un étrange vertige semblable à celui qui vous saisit au sommet d'une haute falaise. Il tituba et dut fermer les yeux un instant.

— Je ne peux pas rester plus longtemps. On ne va pas me le permettre. J'ai juste une question, dit-elle d'une voix moins feutrée ; te souviens-tu de ce que tu as fait avant de sortir dans la rue tout à l'heure ?

Elle faisait allusion à ce qu'il avait tapé sur l'ordinateur. Mais comment pouvait-il se concentrer et se souvenir avec ce brouhaha d'émotions qui surgit tout d'un coup de nulle part ? Il ne se souvenait de rien. Sa respiration se bloqua. Ses épaules se soulevèrent. Un sifflement familier et détesté se fit entendre à l'expiration. Le début d'une crise d'asthme.

— Je ... je ne sais plus, laissa-t-il échapper en essayant de se concentrer. Si. J'étais angoissé. Mais qui êtes-vous ? Et que voulez-vous ?

— Une amie. Il te faut faire un effort de mémoire.

Le chien poussa un gémissement plaintif.

— Mais, ... siffla le jeune homme à court de souffle, penché en avant et les mains appuyées nerveusement sur les genoux.

— Tiens bon. Tu vas y arriver.

— Tiens bon ? Qu'est-ce que vous m'avez fait ? J'ai une crise d'asthme tout d'un coup alors qu'il y a deux minutes j'allais plutôt bien.

— Il me reste peu de temps, interrompit la jolie femme avec fermeté. Ta crise va passer. Je voudrais que tu m'écoutes attentivement. Je t'ai écrit une longue lettre pour que tu saches ce que tu es réellement. C'est important. Je ne peux pas rester plus longtemps.

— Une minute. Vous savez qui je suis alors que vous ne me connaissez pas et qu'on ne s'est jamais rencontrés ?

— Je sais bien des choses sur toi, plus que tu n'en connais toi-même.

— Écoutez, je ne suis pas celui que vous ...

Le jeune homme se tut en observant l'étrangère tirer une enveloppe A5 de sa poche.

— Tout est ici. Prends, ajouta-t-elle un peu plus inquiète et, semble-t-il, agitée. Je t'en prie, vite.

Une ride apparut sur son joli front. Teva Robinson laissa les bras le long du corps. Personne ne s'intéressait à lui et tout d'un coup, voilà qu'une belle inconnue se présentait en disant qu'elle le cherchait depuis longtemps. À la fois surpris et peu rassuré, il lui tourna le dos.

— Arrow ! lança-t-il à son compagnon à quatre pattes, qui réagit immédiatement à l'injonction.

— Aie confiance, supplia-t-elle.

Le jeune homme incrédule entendit ensuite un bruit derrière lui pareil au chuintement que ferait un tissu que l'on déchire et avant cela, un bruit sec, crut-il. Il ignorait pourquoi mais il fit un pas en avant puis, assailli par le doute, s'arrêta et se retourna de même que son chien, qui inclina la tête de côté d'incompréhension. Quelle ne fut pas sa surprise de constater qu'il n'y avait plus personne. La femme avait disparu tout d'un coup sans laisser de trace.

Il reprit sa marche sans se douter qu'il venait de passer à côté de l'une des rencontres les plus importantes de sa vie.

Il retourna dans son studio avec le sentiment encore plus prégnant d'être seul.

La soirée était bien avancée. Il s'installa devant la télévision et un plateau repas. Dans son salon au moins, il avait tous ses repères et il ne pouvait pas se perdre. Son chien Arrow, athlétique, racé et monté sur ressort, bondit sur le canapé comme un loup et se lova à ses côtés. Les images et les commentaires habituels défilaient. Il esquissa un sourire à l'une des blagues d'un humoriste et fit une remarque sur la bêtise des gens en voyant une scène de la vie quotidienne moquée cent fois par des journalistes en manque de sujet. Rapidement assommé de scènes ronflantes, il éteignit le petit écran et désœuvré, tourna en rond dans son appartement, suivi des yeux par son compagnon à quatre pattes.

Plus tard, allongé sur son canapé et enfin apaisé, les détails de la rencontre avec la jolie blonde à la chevelure abondante lui revinrent peu à peu en mémoire puis s'imposèrent dans son esprit. Il entendit à nouveau le bruit sec derrière son dos, puis le chuintement pendant que, dans sa tête, apparut indistinctement une image ? Il sursauta. Le chien leva la tête.

— L'enveloppe !

Il bondit sur ses pieds, tendu et le cerveau soudain en effervescence.

C'est l'enveloppe tombant à terre qu'il avait entendu. Et le bruit de déchirure ? Il n'osa pas y croire. Cela ressemblait un peu au bruit que font les lasers dans Star Wars. Semblable à une téléportation ? Par la barbe de Jupiter, cette femme venait d'un autre endroit physique ou temporel !

Mais non ! Il était en train de délirer. On devait se calmer mon petit Teva. Les voyages temporels n'existaient que dans les romans de science-fiction et l'intruse était juste une originale qui avait besoin de parler à quelqu'un. Rien de bien méchant. Il cessa de laisser libre cours à son imagination, préférant le ronronnement rassurant de la réalité. Arrow reposa la tête sur le divan.

C'est alors qu'un phénomène aussi incompréhensible qu'urgent se déclencha, puisque ce qui doit être sera, pour le conduire là où l'on n'imagine pas.

Morphée l'emporta dans son monde, perdant en cours de route l'enveloppe et la réponse à une question qu'il n'obtiendra qu'après moult péripéties ; qui était-il ?

Assis face à moi dans mon cabinet médical de Tahiti, Teva Robinson se tut. Je vis ses épaules redescendre et son visage se détendre. Il attendait quelque chose de ma part, de l'aide ou un réconfort. Arrow soupira.

L'histoire qu'il venait de me raconter était surprenante mais, fait qui ne cessa de me rassurer, sa voix était posée et calme ; pas de parole saccadée, aucun éclat de rire ni de balancements désordonnés du cou. Il ne bégayait pas. Ses mains étaient à présent posées sur l'accoudoir et ne tremblaient pas. J'attendais que sa véritable personnalité apparaisse à travers des tics verbaux ou physiques. Mais rien ne se produisit. Était-il schizophrène ou souffrait-il d'un dédoublement de la personnalité ? Je ne le pensais pas mais je lui posai malgré tout quelques questions par acquis de conscience.

— Je voudrais que tu me dises ce qui m'arrive, docteur, intervint-il avant que je n'ouvre la bouche.

Mon métier m'a appris à prendre des gants et à ne pas être trop catégorique quand il s'agissait de phénomènes sur lesquels nous avons peu de certitude.

— Je ne sais pas si ton récit est réel Teva, mais je crois pouvoir dire que ton discours n'est pas dépourvu de richesse tant au niveau du lexique que des tournures de phrase. Entends-tu des voix ?

— Des voix, non, mais cette femme est venue vers moi et a tenu des propos que je ne suis pas en mesure de comprendre. Elle disait me connaître mais moi je suis sûr de ne jamais l'avoir rencontrée de ma vie.

Il me regarda droit dans les yeux en silence attendant une réponse rassurante.

Voyant que je restais coi, il continua son récit. Le deuxième phénomène, tout aussi énigmatique que le premier, se manifesta le samedi suivant après une soirée entre amis et fut, comme le dit la petite phrase, la goutte d'eau qui fit déborder le vase.

Il déclina l'offre qui lui fut faite de le ramener chez lui. Il n'avait que quelques pas à faire, en fait une bonne demi-heure, mais sa petite ville d'Aix en Provence était calme la nuit et il avait besoin de respirer. Il prit donc la rue du 4 Septembre accompagné de Arrow, passa devant la place des Quatre Dauphins. Combien de fois avait-il pris ce chemin ? Cela en devenait fastidieux. Le fameux cours Mirabeau était à vingt mètres droit devant, la faculté de lettres derrière.

Puis l'inattendu se produisit.

• • •

Ce fut un bruit effroyable semblable au rugissement des turbines d'un avion de ligne en même temps qu'une sorte de tremblement de terre. D'affolement, le border collie tourna la tête dans tous les sens. Cela ne dura qu'une vingtaine de secondes mais la violence était telle que le jeune homme perdit l'équilibre et s'étala par terre. Lorsqu'il se releva et reprit son chemin, quelle ne fut pas sa surprise qu'en fait de cours Mirabeau, il déboucha sur une rue inconnue. Il devait y avoir une salle d'exposition ici et là, un cinéma. De l'autre côté de la rue il aurait dû y avoir des cafés. Arrow resta interdit à ses côtés. Non, pas de devantures de bar, ni de vitrine d'art. Et cette rue n'était pas le cours Mirabeau, il en était absolument sûr. Il fallait se rendre à l'impossible évidence ; les murs de la ville avaient bougé. Même immobile, il eut l'impression qu'il titubait.

S'il retrouva le chemin de son appartement, ce fut grâce à la lucidité de son chien. Il ne put que constater le lendemain que la jolie vendeuse de la boulangerie avait changé elle aussi ; son visage était devenu cireux et ses gestes brusques. Que lui était-il arrivé ? Elle était méconnaissable. Il se rendit bientôt compte que le langage des gens dans la rue avait changé lui aussi. Le sens des mots avait été modifié. Il retourna sur le cours Mirabeau pour remarquer que les cafés avaient finalement repris leur place, cependant l'incroyable et terrifiante vérité lui sauta en plein visage ; Aix-en-Provence n'était plus la même.

Son récit me rappela ce que j'avais moi-même vécu, sans doute au même moment.

— Les murs de la ville s'étaient déplacés en pleine nuit ?

En effet, mais il n'était pas fou. Il donna rendez-vous le jour même à une copine de lycée, histoire de parler à quelqu'un. Il fut abasourdi. Cette dernière avait un langage incompréhensible, semblable à celui des gens croisés dans la rue. Le soir, il observa la même anomalie devant son écran de télévision.

Que s'était-il passé ? Le phénomène n'était ni local, ni même circonscrit à la région PACA. Elle était nationale. Ou pire.

En y réfléchissant bien, il me semblait qu'il décrivait des événements dont la véracité aurait été douteuse il y a quelques années en arrière, mais si on les rejetait maintenant, ce n'était que pour mieux garder son équilibre psychique car un événement sans précédent avait effectivement eu lieu.

Cette fois, s'en était trop. Il se sentait en prison. Des murs invisibles s'étaient soudain élevés autour de lui en même temps qu'un lourd rideau d'où s'échappaient murmures absurdes et raisonnements abscons. Il ne comprenait plus les gens, ni les jeunes, ni les vieux, ni les autres. Il devait sortir d'ici ou alors il allait déraper.

Je perçus à ce moment-là un éclat ardent jaillissant de son œil pareil à un grognement de rage et présageant une autre raison qu'il ne dévoilerait pas et que je ne saisirais qu'à la fin de cette histoire.

S'il y avait un endroit où le bon sens avait encore ses droits, c'était loin d'ici, sur l'île de son enfance où le lagon rendait le ciel deux fois plus grand et où l'image d'une petite fille à la crinière de lionne persistait. Il n'y avait plus à hésiter et il prit un billet d'avion pour Tahiti.

Il se renversa sur le dossier du fauteuil en soufflant lentement, croisa les bras sur la poitrine et me considéra en silence. J'étais médusé. Je n'avais jamais entendu un récit pareil. Je me ressaisis, rendossai ma blouse de médecin et repris mon interrogatoire bien que ce dernier m'apparût bientôt comme une intrusion.

— Serais-tu capable, sans ciller, de déterminer mon quotient intellectuel ?

Ses sourcils se soulevèrent pour la première fois de la soirée et, après avoir plongé sa pupille dans la mienne pendant de longues et silencieuses secondes, il affirma calmement.

— Je dois avouer ma totale incompétence dans ce domaine.

— Fumes-tu ou as-tu fumé du cannabis ? Demandais-je sans me départir de mon assurance de thérapeute, feinte, je dois le reconnaître, pour déterminer s'il était candidat potentiel à une pathologie.

— À deux ou trois occasions, mais il y a bien des années en arrière, m'assura-t-il sans hésitation.

— As-tu des pertes de mémoire ou des difficultés à te concentrer ?

— Cela m'arrive, en effet.

Il ne cherchait pas à dissimuler des faits montrant qu'il serait atteint d'une maladie mentale. Ses yeux n'étaient pas injectés de sang, ce qui montrait qu'il n'avait probablement pas fumé récemment. Ses mains ne tremblaient pas. Et puis, son attitude avait peu à voir avec quelque affection que ce soit.

Mal à l'aise avec un diagnostic incriminant l'état psychiatrique ou tout au moins psychologique de mon patient, me vint petit à petit une évidence à l'esprit. Teva Robinson n'était pas malade.

— Écoute. Pour moi, tu ne présentes pas les signes d'un trouble du comportement.

Il parut rassuré.

— C'est un bon point.

Un sourire s'esquissa sur mon visage.

— Bien. On va commencer la séance. Qu'est-ce que tu en attends ?

— La femme qui m'a abordé dans la rue avait raison. Je suis tendu en ce moment. Je voudrais me sentir mieux, quoi.

— Bien. Je comprends. Enlève tes sandales et allonge-toi.

Le chien, étendu sur le dos, une patte posée sur le museau, ouvrit un œil circonspect lorsque son compagnon se dirigea vers le divan.

— Voilà.

Mon débit verbal se ralentit sensiblement de façon à mettre mon client dans les meilleures conditions de relaxation.

— Cette séance d'hypnose va d'abord te permettre de te détendre puis de prendre davantage confiance en toi. Commence par fixer un point au plafond. N'importe lequel. Essaye d'avoir un regard doux comme si tu voulais te (Je soupirai calmement.) recueillir, comme si tu étais sur le point de t'endormir. Ferme les yeux et prends une profonde inspiration. Expire calmement en imaginant un endroit où tu es en sécurité. Prends une deuxième profonde inspiration. Lentement. Expire. Chaque expiration t'emmène un peu plus profondément en toi vers un lieu lénifiant auquel tes peurs et tes angoisses n'ont pas accès. Inspire calmement. Tu es au milieu d'un verger ombragé où poussent de nombreuses essences d'arbres fruitiers. Imagine un fruit délicieux sur l'un des arbres. Commence par le cueillir. Tu le savoures. En le goûtant, tu t'endors paisiblement. (Ma voix devint profonde.) Tu t'endors.

Alors qu'il tombait dans une profonde torpeur telle Alice dans le terrier du lapin blanc, je ne me doutais pas que cette séance d'hypnose lui apporterait bien autre chose que de la détente.

Chapitre 4

Les yeux de Teva Robinson se fermèrent d'eux-mêmes alors qu'il imaginait goûter ce fruit aussi savoureux qu'une figue fraîche, un gâteau au chocolat ou une gorgée d'eau au sommet d'une montagne.

Il plongeait lentement en état de transe. Bien que rien ne l'annonça, ni musique, ni lumière, arriva le moment où s'étendit devant lui une vaste vallée entourée de sommets escarpés, eux-mêmes couverts de verdure luxuriante typique des îles paradisiaques de Polynésie et au creux de laquelle gargouillait un ruisseau. Des sentiers de cochons sauvages s'égaillaient ici et là. Les sommets polynésiens alentour, dont les plus hauts dépassaient à peine les mille mètres d'altitude, et la vue imprenable sur l'océan Pacifique donnaient à ce lieu une dimension irréelle, presque mystique qui ne pouvait que ravir le voyageur. Il ne remarqua pas tout de suite, blottie sous des arbres à pain antiques, la cabane de bois vers laquelle il fut irrésistiblement attiré. Il s'approcha mais n'osant frapper à la porte, il ouvrit la bouche.

— Y'a quelqu'un ? Cri a-t-il sans attendre de réponse.

— Je suis là, entendit-il derrière la maisonnette, étonné de la prompte réponse.

La voix chaleureuse donnait le sentiment qu'il était attendu. Un homme apparut sur la terrasse, dont le bois craqua.

— Iaorana.

— Iaorana. Tu n'es pas en retard, continua l'homme après une courte pause.

Il n'était pas en retard ? L'étonnement le saisit tout d'abord mais le visage apaisant de cette personne, où l'inquiétude et la peur étaient absentes, ses gestes brefs et sa calme assurance suffirent à détendre le jeune homme. Il mit l'aura lumineuse qui enveloppait son visage sur le compte des rayons du soleil filtrant sous l'auvent de palmes tressées et se sentit alors l'esprit en paix et hors d'atteinte.

— Tu ne risques rien ici, confirma l'inconnu au front sans ride.

À ces paroles, les muscles du Maori se relâchèrent davantage. La brisure étincelante dans l'œil du propriétaire des lieux lui fit comprendre qu'il était en train de converser avec un être exceptionnel. Nul ne se posait la question de savoir s'il était réel ou pas.

— Tu ne sembles pas offusqué de ma visite.

— Je t'attendais au contraire car j'ai beaucoup à partager avec toi. J'ai besoin de toi pour une mission.

Je me redressai sur ma chaise, intrigué par la discussion peu ordinaire qu'il avait eu avec son inconscient.

Teva Robinson leva un sourcil. Une mission ? D'un geste rassurant, l'être l'invita à prendre place sur l'un des fauteuils devant lui.

— Ce n'était pas prévu à mon programme.

— Ça l'est depuis longtemps. C'est juste que tu n'en avais pas connaissance. Tu as fait un long périple pour venir jusqu'à moi, mais il ne fait que commencer. Ta présence ici n'est pas sans raison. Veux-tu la connaître ?

Teva Robinson eut soudain la certitude que son vis-à-vis était une personne bienveillante au savoir infini, connaissant les secrets de la destinée qui l'avait conduit jusque là et les raisons de sa présence ici. Un sage.

— Je ne demande que ça.

— Sache qu'elle n'est pas le fruit du hasard pas plus que la rencontre avec ton amie Dominika.

— Dominika ?

Que venait faire cette jeune femme dans la discussion ? Teva Robinson n'en avait pas la moindre idée. Il l'avait rencontrée tout à fait par hasard sur un atoll à Fakarava deux jours avant leur retour à Tahiti. Très amicale et très à l'aise avec les autres, elle liait facilement connaissance. Si quelques-uns résistaient à l'élégance de son accent polonais, personne ne pouvait rester insensible ni au sourire engageant, ni au physique avantageux de la jeune femme.

— On pourrait se voir à Tahiti dès que tu rentres. Ça te dirait ? demanda-t-elle avec un sourire plein les lèvres.

Comment résister aux charmes d'une jolie femme souriante d'à peine trente d'ans comme elle ? Vous connaissez ce genre de personne, je suppose. Très tôt dans son enfance, se rendant compte de l'attrait qu'elle exerçait sur les autres, elle avait certainement développé un véritable talent de communication et s'en servait dès qu'elle en avait l'occasion. Pour se justifier, elle avait précisé que la personnalité de Teva Robinson était ... intéressante.

Ils avaient convenu de se retrouver à Tahiti, ce qui tomba par hasard le jour où elle avait rendez-vous avec moi. La séance d'hypnose était motivée par sa volonté de régler des malentendus avec des proches, détail surprenant je vous l'accorde, pour une personne aussi avenante et communicative qu'elle.

Mais venons-en au fait. Connaissant peu la Pointe des Pêcheurs et ne sachant pas où se trouvait précisément mon cabinet, elle lui avait demandé à brûle-pourpoint et sans intention préconçue, de l'accompagner, histoire de lui éviter de perdre du temps à me chercher. Teva Robinson avait plusieurs fois eu l'idée de consulter un hypnothérapeute mais n'avait jamais pris les devants et suite à une succession improbable de coups de chance, il se retrouvait devant mon cabinet. Un mois plus tard, Dominika était rentrée en France et avait disparu de la circulation comme après une mission accomplie. Loin de lui, et de chacun je suppose, l'idée qu'elle pouvait faire partie d'un vaste ensemble organisé et intelligent. Mais une question me taraude l'esprit malgré tout ; dans l'hypothèse où sa rencontre avec Teva Robinson avait été effectivement planifiée comme l'affirmait son vis-à-vis, qui en était l'auteur et comment un tel coup de force était-il possible ? Vous verrez que ces questions ne sont pas anodines.

— Tu es venu te préparer pour ton prochain défi, reprit le sage. (Le jeune homme manifesta à nouveau son étonnement) Il faut simplement que tu prennes conscience de certains détails. Veux-tu en apprendre davantage ?

— Je veux bien, consentit Teva Robinson, amateur d'euphémismes. Je suis ici pour préparer mon prochain défi ?

— Je comprends ton étonnement mais les choses seront plus claires pour toi dans quelque temps.

— D'accord. De quoi voulais-tu m'entretenir ?

Le sage prit une profonde inspiration avant d'entrer dans le vif du sujet.

— Je sais que tu manques de confiance en toi.

L'annonce lui fit l'effet d'un verre d'eau fraîche jetée en plein visage, à la fois brusque et bienfaisante.

— Bon.

— Mais sache que c'est un état d'esprit. Tu vois ? Une croyance limitante.

— Une croyance limitante ? Qu'est-ce que c'est ? Demanda Teva Robinson sans réfléchir mais rassuré d'avoir quelqu'un à qui se livrer.

— C'est une idée erronée que tu crois valide et qui te freine dans tes décisions quotidiennes. Prenons un exemple précis. Tu vas voir que les croyances limitantes de certains sportifs ont empêché la réalisation de performances. Avant les années 1936, aucun champion de natation n'arrivait à nager le cent mètres nage libre en moins d'une minute. Au bout d'un certain temps, ils ont fini par penser qu'ils ne pouvaient pas aller en-deçà. Puis lorsque Johnny Weissmuller fit moins d'une minute, tout d'un coup, les autres arrivèrent à en faire autant car la performance du futur Tarzan fut un révélateur et leur avait montré que leurs croyances étaient fausses. Sans s'en rendre compte, ils se sont vus en lui comme dans un miroir. Tu vois que l'impossible devient possible lorsque les croyances limitantes disparaissent. L'équipe de France de rugby a battu la meilleure équipe du monde en 1999, car suite à la victoire de leurs compatriotes footballers en 1998, ils n'avaient plus de croyances limitantes. On disait que c'était "l'effet coupe du monde". Cela montre que certains exploits de la vie courante ou dans le domaine du sport font tomber les pensées limitantes et entraînent d'autres performances. Les exploits donnent de l'énergie aux spectateurs et aux sportifs et les poussent à donner le meilleur d'eux-mêmes.

— Oui, c'est vrai mais comment abattre ces croyances limitantes ?

— Quelles sont les tiennes ?

Teva Robinson était seul face à un lui-même plus grand que lui-même. Il n'avait aucune raison de se mentir et par voie de conséquence, il abattit ses cartes.

— J'ai l'impression de ne pas être digne d'amour.

Nous y étions enfin. Après les faux-semblants, le jeune homme posa sur la table son vrai problème ; le manque d'amour.

— Un fait passé a dû t'affecter et a créé cette croyance.

— Sans doute. Comment la changer et à quoi est-elle due ?

— OK, je vais d'abord t'expliquer comment le mécanisme fonctionne dans ta tête. Tu es prêt ?

— Vas-y.

— Dans le tronc cérébral de ton cerveau existe un système neuronal du diamètre d'un crayon appelé le Système d'Activation Réticulaire. Ce système s'active constamment. As-tu remarqué lorsque tu as acheté ta dernière voiture que tout d'un coup tu voyais ce même modèle partout ?

— Oui, c'est vrai. Ça m'a frappé.

— Cela vous est arrivé à tous, je pense. La vente de ce modèle n'a pas explosé tout d'un coup lorsque tu en as fait l'acquisition. Tu es d'accord.

— Parfaitement.

— C'est juste que tu en voyais davantage parce que tu étais focalisé dessus.

— C'est pertinent.

— Maintenant concentre-toi sur la couleur verte et cherche autour de toi des objets verts.

Teva Robinson, d'un mouvement circulaire, scanna les vêtements de son mentor et le paysage autour.

La végétation, le tronc des arbres, le feuillage, son propre short, ses baskets, quelques larges taches sur l'océan. La couleur verte était omniprésente.

— Elle est de toutes parts.

— Il y a des objets verts auxquels tu n'avais pas fait attention. Tu les vois à présent parce que je t'ai demandé de te concentrer dessus. Tu vois tout d'un coup la couleur verte de tous côtés de la même façon que tu voyais le même modèle de voiture que la tienne après en avoir fait l'acquisition.

— Je comprends, oui.

— Ce n'est pas de la magie. C'est juste l'activation de ton système réticulaire.

— Le système réticulaire ?

— Ta rétine à elle seule capte trois cents informations par seconde alors que ton esprit conscient ne peut en traiter qu'une centaine. Le rôle de ton Système d'Activation Réticulaire est donc très important parce qu'il filtre les informations qui arrivent jusqu'à ton esprit conscient et sélectionne les plus importantes.

— C'est très intéressant.

— Lorsque tu poses ta main sur ton bras, au bout de quelques secondes tu ne sens plus la pression parce que …

— … mon Système d'Activation Réticulaire décide que l'information n'est plus importante et qu'il a d'autres informations à gérer, sinon il va exploser. C'est génial.

— Plus que cela encore, en cherchant des objets verts, tu vois des objets verts qui sont en fait plus gris que verts. Tu as la croyance que les arbres là-bas par exemple sont verts alors qu'en fait ils sont gris, fait auquel les peintres portent une attention toute particulière. Pour t'en convaincre, observe des tableaux réalistes. Tu verras que la végétation autour de toi est plus grise que verte. Comprends-tu ce que cela signifie ?

— Euh, voyons, bafouilla un Teva Robinson dubitatif. Je ne sais pas.

— Cela signifie que ton cerveau a inventé une réalité qui n'existe pas et qu'il croit réelle.

— Il invente ?

— Oui. Il invente des arbres verts qui sont en fait gris et tu as la croyance qu'ils sont verts. Si tu as le sentiment que tu n'es pas digne d'être aimé, devine ce qui va se passer. Ton Système d'Activation Réticulaire va trouver dans le passé et dans ta vie présente des souvenirs qui montrent que cette croyance est justifiée ...

— ... même si elle n'est pas vraie. Je suis bluffé.

— Ton Système d'Activation Réticulaire ne vois que ce qui est en accord avec tes pensées et tes croyances. Mais attends, ce n'est pas fini. Maintenant ferme les yeux. Peux-tu me dire s'il y a des objets de couleur marron autour de toi et si oui, lesquels ?

Le jeune homme se concentra et essaya de se souvenir d'objets de cette couleur.

— Je n'en trouve pas.

— Ouvre les yeux et regarde autour de toi.

La couleur brune était présente dans les arbres, les feuilles, les herbes et sur son short !

— Tu m'as bien eu.

— Tu saisis comment ton Système d'Activation Réticulaire fonctionne ? Ton cerveau détecte ce que tu recherches et fait disparaître le reste.

— Ça alors !

— En te focalisant sur la couleur verte, tu as oblitéré tout le reste. Ton cerveau ne voit que ce sur quoi il est focalisé. En te concentrant sur la pensée que tu es mauvais en espagnol ou en amour, tu vas voir un tas de faits le prouvant. Les faits montrant le contraire sont effacés de ta mémoire.

— Je suis scotché.

Je l'étais aussi, je vous l'assure. Mes yeux étaient fixés sur les lèvres de Teva Robinson. En plus de cela, je me posais d'incessantes questions. Avec qui avait-il conversé ? Comment son inconscient pouvait-il connaître autant de choses ?

— Et vice versa, en ayant la croyance que tu plais aux femmes, tôt ou tard tu auras des preuves que cette croyance est vraie. Tu comprends l'importance de reprogrammer tes pensées.

— Si j'ai d'autres croyances, mon Système d'Activation Réticulaire va trouver des preuves montrant qu'elles sont vraies. Il faut que je change mon système de croyance en fonction de mes objectifs, alors ?

— Oui. Tu as besoin de croyances montrant que tu es aimé. En observant les petits moments gratifiants de la vie, le sourire d'une femme, un petit mot gentil à ton adresse, ou une bonne nouvelle, tu vas avoir la preuve que l'on t'aime. Il faut prendre tous ces petits détails comme des preuves d'amour, des cadeaux et considérer que la vie te fait des clins d'œil et des sourires à chaque instant. Cela va créer un cercle vertueux entretenant l'idée que tu as de la valeur et que tu es aimé.

— Je dois modifier ma façon de penser, alors.

— Oui. Je te propose un exercice allant dans ce sens. Ça t'intéresse ?

— Tu rigoles ! s'esclaffa Teva Robinson en guise de réponse affirmative.

— Bien. Dis-moi quels sont les avantages de la croyance que tu n'es pas digne d'être aimé.

Le jeune Maori inspira calmement. Un détail clochait dans le discours du sage.

— Il y a des avantages à croire que je ne suis pas digne d'être aimé ?

— Tu vas voir que oui. Prends tout ton temps pour y réfléchir.

Les minutes s'égrenèrent lentement. Puis le jeune homme leva les yeux vers son mentor.

— Je suis libre de faire ce que je veux et je n'ai pas besoin de faire des dépenses pour plaire à une femme, révéla-t-il en opinant du chef. Il y en a. Tu avais raison.

— Quels sont les inconvénients ?

— Là, c'est plus facile. Disons que je me sens seul. je n'ai personne à aimer à part Arrow. Je ne peux compter que sur moi et j'évolue moins bien.

— D'accord. As-tu des preuves que tu n'es pas aimé ?

— Je crois que oui. Les femmes m'évitent. Quand il y a en une qui s'approche de moi c'est pour me soutirer quelque chose.

— Très bien. Entrons dans le vif du sujet et voyons maintenant les origines de cette croyance dans ton enfance.

— C'est dans mon enfance que le problème se trouve ?

— Non mais c'est peut-être là que se trouve la solution.

— Mes parents sont morts dans un accident d'avion quand j'avais neuf ans. Aucun de mes oncles et tantes ne pouvait m'accueillir chez eux donc on m'a placé dans une maison d'enfants.

— Nous y voilà. Le sentiment d'abandon.

— Je me souviens que les autres recevaient des colis et des lettres mais moi, rien. J'avais l'impression de ne pas être digne de cela. Pendant toutes ces années, personne ne m'a dit je t'aime.

— Oui, en effet. Je voudrais maintenant que tu trouves des preuves que tu es aimé et que les femmes s'intéressent à toi.

À nouveau, le jeune homme resta silencieux pendant un long moment.

— Il y en a, c'est vrai. L'autre jour, Marie, une fille magnifique, s'est accroupie devant moi dans la cour du lycée en me demandant avec son joli sourire : « Alors Teva, t'as passé un bon week-end ? » Elle s'est relevée en se rendant compte que les autres nous observaient.

— Que lui as-tu répondu ?

— Je lui ai dit : « oui » en continuant ce que j'étais en train de faire.

Le sage dut croire que Teva Robinson était le parfait idiot ou qu'il n'y connaissait rien aux femmes.

— Tu n'as pas pensé qu'elle voulait sortir avec toi ?

— Oui, bon d'accord. Je vois ce que tu veux dire. Ça a recommencé le mois dernier avec Laurence, une fille de terminale. Elle m'a emmené voir son cheval. Oui, son cheval. Quand elle m'a dit ça, j'ai été surpris moi aussi. Dans sa voiture, elle m'a dit des mots d'amour comme personne auparavant. Ils me sont apparus tels des bouquets de fleurs dans sa main magicienne. La classe ! J'ai été époustouflé.

— Qu'est-ce que tu lui as dit ?

— Euh, je l'ai juste remerciée.

Le sage faillit perdre sa sagesse. Je vois que je ne suis pas le seul adepte d'actes manqués dans cette histoire.

— Mais enfin ! Il fallait lui dire ce que tu ressentais pour elle !

— Oui. Bon. On va pas y passer la nuit. Il y a eu aussi Diane et Charlotte. Je les ai juste embrassées et elles ne voulaient plus me laisser partir.

Le sage fit une pause éloquente.

— Et tu dis que tu n'es pas aimé ! Tu vois bien que ce n'est pas vrai et que cette croyance n'est basée sur rien.

— Je suis aimé, alors.

— Je ne te dis pas que tout le monde t'aime ou que tu es le meilleur. Ce n'est pas ça du tout, mais que des gens t'aiment et notamment des femmes. Ce n'est pas rien.

— C'est sûr.

— La conclusion de cet exercice est que tu peux remodeler tes pensées et particulièrement tes croyances en utilisant ton imagination et ta capacité à visualiser.

— D'accord, pesta le jeune homme contre lui-même. Je suis arrivé à baser toute ma vie et mes actions sur une croyance totalement fausse.

Il s'en voulait d'avoir perdu du temps et des opportunités, d'avoir été limité dans ses décisions et ses projets à cause d'une simple croyance.

— Rien n'est joué. Tu as toujours la capacité de modifier ta façon de penser.

Le jeune homme tourna le regard vers l'océan et les grains pluvieux à l'est qui semblaient se diriger vers eux.

●●●

Il avait toujours le pouvoir de changer le cours des choses en changeant sa façon de penser. Cette idée le laissa songeur un long moment. Pendant ce temps-là, le sage le détaillait sans un mot.

— J'ai bien fait de venir te voir car j'ai un autre problème, dit le Maori brusquement en faisant à nouveau face à son vis-à-vis. Tu veux bien m'aider ?

— Tu rigoles ! Tu es mon avatar sur terre.

Teva Robinson resta un moment interdit devant l'idée d'être l'avatar de cet être exceptionnel. Il réfléchit un bref moment à ce qu'était un avatar. C'est une image de soi. On la fait évoluer à sa place dans un univers auquel on n'a pas accès. Il était cela, une représentation de cet être ? Il en douta beaucoup, secoua la tête pour se débarrasser de cette idée saugrenue et reprit rapidement le fil de la discussion. Il inspira longuement. Son problème est qu'il avait de la difficulté à obtenir ce qu'il désirait.

— J'ai des projets mais je n'arrive pas à les concrétiser. (Il leva un œil désespéré vers l'être) Je n'y arrive pas, insista-t-il.

— Tu n'es pas le seul à rencontrer cette difficulté, crois-moi. Mais c'est toi-même qui va la régler en prenant conscience de ce dont tu es capable. Je vais te montrer que derrière ce problème se cache un trésor (le sage planta ses yeux dans celui du jeune homme) et que tu peux le dévoiler.

— Il y a un trésor derrière ce problème, affirma-t-il dubitatif.
— Oui.
— Ça alors ! (Teva Robinson se plongea dans ses pensées pendant trois secondes) D'accord.
— Certaines croyances t'empêchent d'atteindre cet objectif. Je voudrais que tu arrives à les déterminer l
— Des croyances limitantes. Ouh là ! Question difficile.
— Très bien. Tu veux atteindre certains objectifs, pas vrai ?
— Oui
— Aussi bizarre que cela puisse paraître, il y a un bénéfice à ne pas les atteindre. Essaye de le trouver.
— Je ne suis pas sûr qu'il y en ait un, vraiment.
— Il y en a un.
Teva Robinson réfléchit longuement.
— J'ai pas le courage de changer et je ne veux pas quitter ma zone de confort.
— Tu vois. Mais il y en a d'autres.
— Je n'ai pas envie d'avoir plus de responsabilités.
— Il y en a d'autres, répéta le sage avec plus de force.
— Mes oncles ont vécu comme ça toute leur vie donc je ne vais pas faire l'effort. Je ne prends pas de risque parce que je doute de moi et que j'ai peur d'échouer.
Le ton montait.
— Il y en a d'autres encore !
Teva Robinson était poussé dans ses retranchements. Il ne pouvait plus mentir.
— Je crois que le succès et le bonheur ne sont pas faits pour moi, cria le jeune homme.
Assis dans son fauteuil en bois, le sage souffla en relâchant la tension. Teva Robinson, éprouvé par l'attaque, se leva, lui tourna le dos et contempla l'immensité du Pacifique sud. Puis il fit à nouveau face à son mentor.

— La voilà ta croyance limitante ; tu crois que le succès et le bonheur ne sont pas faits pour toi donc tu ne vas pas réussir tes projets.

Teva Robinson inspira et se plongea dans une profonde introspection. Tous ses défauts étaient sur la table et on ne voyait qu'eux. Il avait déposé le masque et se sentait mis à nu, désespéré et totalement pitoyable. Comment allait-il se sortir de là ?

— Je panique.

— Calme-toi. Il n'y a que toi et moi, ici. Nous sommes seuls. Ne panique pas. Ne panique jamais. Quoi qu'il arrive, garde ton sang-froid. Il y a forcément une solution. Tu as vécu des situations plus difficiles que celle-là et tu t'en es toujours tiré. On va y arriver, affirma l'être, toi et moi. Tiens bon. Tu es sur le point de gagner une bataille et le trésor caché derrière. D'abord, garde bien à l'esprit que ce ne sont que des croyances. On va traiter la croyance que le succès et le bonheur ne sont pas faits pour toi en mettant en avant les succès que tu as remportés.

— Mes succès ?

— Oui. Tu as eu des succès. En focalisant ton attention sur eux, tu vas modifier ta façon de penser et voir les choses de façon positive. Remémore-toi un moment où tu t'es senti victorieux. Tu as remporté une belle victoire récemment, non ?

Un sourire apparut sur le visage du jeune homme.

— Tu parles de mon chien ? Oui, une très belle. Il s'était égaré et je l'ai retrouvé après une recherche désespérée de plus d'un mois.

— Que s'est-il passé ?

— Le fait de le perdre m'avait plongé dans un profond désarroi. Je passais mes journées et une partie de mes nuits à sa recherche, sans succès. Personne ne l'avait vu. Il s'était comme volatilisé. Et devine quoi. Un beau jour, j'ai reçu le coup de téléphone d'un premier journaliste, puis d'un deuxième, qui me proposaient de m'aider dans mes recherches. La photographie de mon chien apparut plusieurs fois en première page de leurs canards. En plus, les réseaux sociaux ont partagé la nouvelle comme jamais.

— Ça a marché ?

Le jeune Maori fit un mouvement de la tête.

— Non. C'était l'échec le plus total. Pendant trente-trois jours, on m'a donné des informations erronées sur sa localisation. Je fonçais comme un fauve vers les endroits qu'on m'indiquait, sans succès bien sûr. J'aurais pu monter au sommet de l'Himalaya si on m'avait dit qu'il était là-haut. C'était une sorte de quête qui me semblait sans fin et au cours de laquelle j'ai essuyé défaites après défaites. Même si je passais cent pour cent de mon temps et de mon énergie à la recherche de mon chien, renversant ma vie jusqu'à la rendre chaotique, il me semblait absolument impossible de le retrouver vivant puisque personne, absolument personne, ne l'avait vu.

— Et pourtant, tu l'as retrouvé.

— Oui.

— C'est parce que tu n'as rien lâché.

— Pas un instant.

— Je voudrais mettre l'accent sur un fait important ; Il y a un héros en toi et tu l'as réveillé.

— Un héros en moi ?

— Oui, et en chacun de vous.

— Une bête, je dirais. En tout cas, j'ignorais que je pouvais repousser mes limites aussi loin. Cela procure une sorte d'exaltation et l'envie de se battre pour ceux qu'on aime. Je crois comprendre les aventuriers. Ils se mettent volontairement dans des situations difficiles pour libérer ce truc qui les transporte où ils ne pensaient pas aller.

— Ce truc est un guerrier, une lumière et il est en chacun d'entre vous, je le répète. Tu vois que lorsque la vie te met devant une tâche à accomplir, il faut livrer bataille. C'est comme cela qu'on peut réveiller le tigre en soi. Tu ne pouvais pas abandonner ton chien, n'est-ce pas ?

— C'est vrai. J'étais obligé de me lancer dans la mêlée et d'aller jusqu'au bout de moi-même.

Teva Robinson m'avait transmis la rage qui l'animait et qui imprégnait son récit mais dont je ne pouvais comprendre l'origine. Mes doigts étaient crispés malgré moi sur le bras de mon fauteuil, dans mon cabinet médical à Tahiti. Mes lèvres étaient serrées.

— Il est un fait que je voudrais souligner puisque tu me prêtes une oreille attentive ; cette épreuve t'a montré de quoi tu es capable. C'est comme si ton identité était plus claire à présent, plus complète.

— C'est tout à fait ça.

— Les épreuves te permettent d'avoir une meilleure connaissance de toi-même. Il ne faut pas en avoir peur car elles révèlent ta capacité à remporter des victoires.

— C'est vrai. J'ai l'intime conviction que même l'impossible est réalisable. Ce n'est pas du baratin. C'est du vécu.

Le sage ne l'aurait pas contemplé plus intensément s'il avait voulu lui faire comprendre qu'il avait un énorme succès et de jolis moments de bonheur.

— Je le sais. Juste une question bête ; crois-tu encore que le succès et le bonheur ne sont pas faits pour toi ?

Teva Robinson baissa le menton pour un moment de réflexion puis le releva juste après.

— Je..., tu dois avoir raison, bredouilla-t-il. Mais je ne réussis pas tout ce que j'entreprends.

— Je trouve que tu as un rare succès puisqu'en plus d'avoir retrouvé ton chien, tu as maintenant cet état d'esprit de vainqueur et tu sais que l'impossible est réalisable. Je voudrais à nouveau souligner ce fait important ; le trophée que tu as remporté, c'est à dire la certitude que l'impossible est réalisable, a une valeur inestimable. On dit que la vie ne fait pas de cadeau ; c'est l'exact contraire, dans la mesure où tu acceptes de relever les défis qu'elle t'impose. Derrière chaque obstacle se cache une richesse. Les gens ont peur de vivre et de réaliser leurs rêves en croyant avoir quelque chose à perdre. Vous êtes là pour relever les défis qui s'offrent à vous. Il faut le faire sans peur de l'échec car celui-ci est inévitable, le monde étant ce qu'il est. Voyez toutes vos difficultés comme des exercices qui vous font grandir même si vous ne réussissez pas aussi bien que vous l'auriez voulu. On ne fait jamais du cent pour cent.

Je buvais les paroles de Teva Robinson. Une richesse se cache derrière chaque obstacle ! On ne fait jamais du cent pour cent ! Voilà une remarque que je vais mémoriser. On ne fait jamais du cent pour cent.

— Je peux donc remporter d'autres succès.

— Exactement. Le succès et l'échec sont les deux faces d'une même pièce. On ne peut pas avoir l'un sans l'autre. Garde à l'esprit que les échecs sont des occasions d'apprendre davantage.

— Que veux-tu dire ?

— Observe autour de toi. JK Rowling, a vu son roman Harry Potter rejeté douze fois avant d'être finalement publié. Michaël Jordan a été renvoyé de son école de basket-ball. Il a manqué des milliers de lancés au cours de sa carrière, ce qui ne l'a pas empêché de révéler un fait aussi rassurant qu'intimidant ; il a réussi grâce à ses multiples échecs. Walt Disney a été rejeté à ses débuts.

— Même Walt Disney.

— Lui, Thomas Edison et bien d'autres encore. Ces gens ont rencontré le succès car ils ont compris que leurs échecs leur montraient la voie à ne pas suivre et qu'ils étaient une opportunité pour créer de la nouveauté. Ils ont considéré l'échec comme une indication ; ce chemin ne mène nulle part. Il faut en trouver un autre. Douter et avoir un coup de blues est normal mais ils ont rebondi et trouvé des idées. Les difficultés les ont poussés à développer leur intelligence et leur sagesse jusqu'à atteindre l'excellence. Au bout du compte, elles leur ont apporté un enseignement. Avec cet état d'esprit, ils sont devenus résilients et ont transformé l'obstacle en tremplin. Si tu as de mauvais résultats dans un domaine, cela ne signifie pas que tu es nul mais que tu as besoin de passer plus de temps et de réfléchir davantage avant de trouver la solution. Michel-Ange disait que si les gens savaient le temps infini qu'il avait passé à étudier et à peindre ses chefs-d'œuvre, le mythe du peintre génial aurait disparu aussitôt. On ne naît pas bon dans un domaine. On devient bon en travaillant, en améliorant son niveau de croyance et en trouvant les bonnes raisons pour progresser.

— À force de se prendre des râteaux, on a l'impression qu'un mauvais génie ou que la malchance s'acharne contre nous.

— Je vois. Tu as le sentiment que les autres ont plus de chance que toi, qu'ils sont meilleurs que toi et que tu es un perdant. Tu ne sais pas par où ils sont passés. Tu peux voir les choses sous un autre éclairage. Dis-toi au contraire qu'échouer est normal. Cela arrive à tout le monde et surtout à ceux qui ont le courage de prendre des risques ou qui sortent de leur zone de confort.

— C'est dur d'être seul.

Le garçon était totalement désemparé. J'avais les larmes aux yeux de le voir aussi fragile que courageux. Le sage le regarda comme un père, s'assit à ses côtés et posa chaleureusement sa main sur son épaule.

— Tiens bon. Tes difficultés ont fait de toi un garçon extraordinaire. Fais-moi confiance. Tu vas y arriver.

Personne ne l'avait réconforté comme cela.

— C'est dur d'échouer.

— C'est vrai mais ce que l'on voit comme un échec à un moment donné, pourra s'avérer être une victoire plus tard. Par exemple, si ton objectif était d'avoir la carrière de Céline Dion, tu as certes échoué car tu as placé la barre très haut mais il y a des compensations. Les compensations matérielles sont que tu as appris à chanter, tu as réalisé un cd de musique et tu es capable de composer et d'écrire de la poésie. Tu as révélé des capacités et des talents que tu ignorais et qui t'ouvriront des portes tôt ou tard. Tu es combatif, endurant et résilient et tu as une meilleure connaissance de toi-même. Cet état d'esprit attire déjà des gens intéressants. Tu vois. Ce n'est pas rien.

— Je ne dis pas le contraire.

— Même si tu n'as pas atteint un certain objectif, il faut voir les bénéfices du travail fourni. Par exemple, si tu voulais acheter un hôtel et que finalement tu n'achètes qu'un appartement, le bénéfice de ton travail est l'appartement. Tu ne l'aurais pas obtenu si tu n'avais pas essayé d'acheter l'hôtel. Ce n'est pas un échec et il ne faut surtout pas ruminer l'idée que tu viens d'en essuyer un. Il ne faut pas non plus te poser en victime. Essaye de situer le prétendu échec dans un cadre plus large et apprécie l'instant présent pour ce qu'il a d'unique.

— Chaque seconde est unique, c'est vrai.

— Et l'apprécier est une richesse. Tes relatifs échecs ne doivent pas te faire oublier tes réussites et les côtés positifs de ta vie. Regarde autour de toi. Tu vis sur une île tropicale. L'océan s'étend à perte de vue où que tu regardes. Ne crois-tu pas qu'il y a de pires moments dans la vie d'un homme ?

— Oui, c'est sûr.

— La vie était plus dure pour vos ancêtres. Certains problèmes persistent, bien sûr mais globalement, vous vivez à une époque exceptionnelle. Imagine ce que dirait une personne du 19ème siècle. Vous avez la voiture, le téléphone portable, une quantité hallucinante de connaissances. La plupart des infections ou des maladies se soigne et les gens ne meurent plus pour une rage de dent ou une appendicite.

— La vie est quand même dure.

— Pour faire face à cela vous avez des atouts ; la persévérance et ce héros en vous.

— La persévérance, répéta pensivement le jeune homme.

— À ce propos, pour t'entraîner à la persévérance, je voudrais que tu jettes un coup d'œil au quatre cent mètres d'Adèle Moui aux jeux olympiques.

— J'ai vu la vidéo. Impressionnant, confirma le jeune homme.

— Tout le long de la course, le podium semblait absolument hors d'atteinte puisque les trois meilleures étaient très loin devant. Adèle disait qu'à ce moment-là, elle pédalait "dans la choucroute" alors qu'elle était en train d'écrire la plus belle performance de tous les temps de l'athlétisme français. Elle était dans "la galère", comme nombre d'entre vous à un moment ou à un autre de votre vie, mais ce n'était pas une raison suffisante pour abandonner. Elle a bien fait de ne rien lâcher, à aucun moment, car la médaille d'or s'est jouée à une fraction de seconde. Lorsque vous remportez une victoire aussi petite soit-elle, vous pouvez comprendre Adèle qui conclut : « Ah, c'est pour ça que je m'entraîne, pour vivre ces moments-là. »

— Que faut-il faire alors ?

— Et si vous considériez chaque galère comme l'occasion de remporter un trophée ? Et si vous dépensiez toute votre énergie pour transformer chaque difficulté en tremplin ?

— Si ça se trouve, le sens de la vie se résume à ça ; remporter des victoires. Non ?

— Oui, le sens de ce mot se déclinant à l'infini. Ce quatre cent mètre de légende ressemble beaucoup aux combats que vous livrez les uns et les autres. La différence entre victoire et défaite est une affaire de croyance et d'envie. En croyant que c'est possible, tu peux réussir. À ce sujet, l'aventurier Mike Bane relate une attaque d'ours blanc qu'il a repoussée en utilisant des fusées éclairantes. Il n'avait que douze fusées pour résister à douze assauts. Il n'a pas renoncé parce qu'il jouait sa vie. C'est l'ours qui a renoncé en premier. Heureusement d'ailleurs car s'il avait attaqué une treizième fois, il aurait réduit Mike en tranche de tartare. Le sentiment de victoire est incomparable, il vous en parle très bien, Mike, pas l'ours, (le sage esquissa un sourire) et il vous donne envie de le vivre. Ce qui semblait une difficulté insurmontable apparaîtra finalement comme un trophée car derrière chacune d'entre elles se cache un cadeau, une leçon, un enseignement ou une ressource. J'insiste bien là-dessus ; les obstacles changent d'apparence lorsqu'on relève la tête.

— Il faut souvent dépenser beaucoup d'énergie pour cela, remarqua Teva Robinson.

— C'est sûr. Maintenant que tu connais tes croyances limitantes, que tu comprends qu'elles ne sont basées sur rien, tu vas pouvoir atteindre plus facilement ton objectif.

— Le fait de savoir que mes croyances limitantes ne sont pas fondées va me permettre d'atteindre mon but ?

— Oui, tu es comme les rugbymen français. Ils ont battu la Nouvelle Zélande en 1999 parce qu'ils n'avaient plus de croyances limitantes. Tes croyances étaient que tu n'étais pas aimé et que tu n'avais pas de succès. Tu viens te constater qu'elles sont fausses, que tu as du succès et que tu es digne d'être aimé.

— Ça alors !

Le sage détailla longuement son interlocuteur en silence.
— J'ai une question à te poser, finit-il par dire.
— Je t'en prie.
— Comment te sens-tu en repensant à ces moments valorisants ?
— Ça me donne plus d'énergie.
— Repenses-y encore le temps de crapahuter dans la montagne. (Teva Robinson leva les sourcils) Tu veux venir ?
— On part pour une balade ?
— Oui.
— Mais tu es infatigable.
Le sage sourit. Les questions fusaient dans ma tête d'hypnothérapeute. Qui était ce bonhomme ? Que faisait-il ici ?
— Alors, tu viens ?
— Comment pourrais-je refuser ? plaisanta Teva Robinson.

● ● ●

Ils sillonnèrent ainsi le long d'un sentier qu'il fallait parfois deviner. S'étendaient derrière eux la baie de Cook aux bleus resplendissants et au-delà, l'océan Pacifique sud, terrain de jeux de tant d'aventuriers cherchant à donner un sens à leur vie et d'autres qui, lassés de rêver devant leur écran en métropole choisirent d'agir et de tout quitter.

La marche fut ardue par moment. Point de pente douce ici, mais des chemins raides et escarpés où l'on ne gémit pas. Le sage marchait en tête et jetait parfois un regard oblique à son compagnon.

— Veux-tu faire une halte, (il sembla hésiter) Teva Robinson ?
— Ce ne sera pas nécessaire, à moins que *toi* tu ne veuilles faire une halte, lança le jeune homme, goguenard. Juste une question subsidiaire ; où va-t-on ?

— Jusqu'à ce mont là-bas, le mont Tohiea. On a fait plus de la moitié du chemin. Tu continues ?

— Si c'est un défi, je le relève, persifla le jeune homme.

Le sage se contenta d'étirer les lèvres en montrant ses belles dents blanches et reprit l'ascension sans un mot durant un long moment. Teva Robinson savait que le chemin disparaîtrait parfois totalement et qu'il fallait avancer sans douter au milieu des fougères tropicales, sous une fugace averse ou sous les morsures du soleil, mais finalement, surpris ainsi immobile et penché au-dessus du vide sur le plus haut sommet de l'île, il crut saisir le but de cette course. Le lagon vu du plus haut sommet de Moorea était immense et sans ride. Il fit un geste circulaire embrassant l'étendue infinie de l'océan.

— La vue est magnifique, en effet et vaut quelques efforts.

— Je savais que tu apprécierais. Comment te sens-tu ?

Comprenant l'évocation, le jeune élève sourit.

— Victorieux.

— Tope là ! (Ils se tapèrent dans les mains tels des joueurs de volley venant de marquer un point.) Je voudrais maintenant que tu prennes le temps nécessaire pour t'imprégner de ce sentiment de victoire. Qualifie-le de façon précise. Ferme les yeux. Qu'entends-tu et que vois-tu ?

Le jeune homme s'immobilisa devant le lagon bleu et l'espace qui n'avait de limite que l'horizon, ferma les yeux et inspira calmement.

— Je suis à mille mètres d'altitude avec une vue panoramique sur l'océan qui s'étend à perte de vue. D'ici, on voit des îles qui sont invisibles de la plage. Le ciel est dégagé devant nous. Des cumulus sont accrochés à la montagne. Des sternes blanches jouent avec les vents ascendants. Franchement, je comprends les pilotes de deltaplane.

— L'altitude a un effet bénéfique sur ton mental, ton moral et la façon dont tu perçois les épreuves parce que tu respires mieux et que, en repoussant les limites de l'horizon, tu as une vue plus complète sur ce qui t'entoure. Ton esprit s'éclaircit. Comment te sens-tu dans ton corps ? Quels sentiments t'envahissent ? Quelles images te viennent à l'esprit ?

— Mes peurs ont disparu. Je ne me souviens même plus de ce que signifie avoir peur. J'ai oublié tous mes soucis. J'en avais ? Je me sens plus fort et plus sûr de moi. Je suis calme et apaisé, concentré sur cette émotion valorisante. C'est vraiment super sympa et le site ne gâche rien. Je me sens bien.

Sa voix devint plus forte et plus aiguë. L'évocation l'envahit. Ses poumons se remplirent, sa tête se pencha en arrière et il tendit les bras au ciel.

Le sage, dont les lèvres s'étirèrent, resta un long moment le regard tourné au-dessus du Pacifique sud où l'on distinguait, tout au bout de l'horizon, quelques minuscules voiles blanches voguant en direction d'îles perdues où se réaliseront des rêves d'enfant. Puis il sortit de sa contemplation.

— Tu ne t'en rends peut-être pas compte mais ton dos est plus droit et tu as un grand sourire. Je voudrais mettre l'accent sur ce fait important ; lorsque tu doutes ou que tu as peur, remémore-toi les instants où tu t'es senti vainqueur. Ce sentiment est plus fort que la peur. Il l'anéantit.

— Le sentiment de victoire anéantit la peur, donc.

— Oui. Il est agréable, n'est-ce pas ?

— Oui.

— Et pour l'obtenir, tu as dû faire le choix de relever le défi que je t'avais lancé.

— D'accord. Mais où veux-tu en venir ?

— Je voudrais que tu comprennes bien ce principe ; la vie est un supermarché sur tapis roulant. Tu as juste le temps de tendre la main pour saisir les produits qui passent. Elle peut te proposer des opportunités intéressantes, cette balade par exemple ou d'autres perles authentiques. Ce sont des cadeaux. Tu as le choix de les prendre ou pas. Il faut saisir les bons moments, ignorer les mauvais et surtout, ne pas imaginer des événements qui ont peu de chance de se produire et qui finalement ne se produiront pas.

— Un supermarché sur tapis roulant, s'étonna le jeune homme à la fois amusé et pensif. Et en plus c'est gratuit.

— C'est gratuit si tu prends. Si tu ne prends pas, tu payes le fait de ne pas posséder ce qui t'était offert. Je veux dire qu'il faut savoir saisir les occasions. Celle qui s'est présentée à toi, monter jusqu'ici, était bénéfique. Avant de passer à une nouvelle étape, je voudrais résumer cette partie de la discussion.

— Je t'en prie.

— Tu avais la croyance que tu n'étais pas aimé et que tu n'avais pas de succès.

— C'est vrai.

— Ces croyances commandaient tes pensées, tes actions et tes résultats.

— Oui et les résultats étaient négatifs. Il faut bien le reconnaître.

— Tu as compris que ces croyances n'étaient pas fondées et que tu as la possibilité de les changer, de les modifier.

— Oui. Maintenant, ça ne me semble pas si compliqué que ça.

— Tu as pu constater par toi-même que le fait de penser à des moments valorisants a fait disparaître ces idées fausses et a donc modifié ta façon de penser.

— C'est tout à fait ça.

— Et finalement, avec ce mode de penser, nous venons toi et moi d'atteindre un objectif.

— Monter jusqu'au sommet de Moorea.

— Atteindre ses objectifs est important car c'est valorisant et stimulant. Maintenant j'ai besoin de toute ton attention.
— Tu l'as.
— Je voudrais que l'on se concentre sur les moyens mis en œuvre pour atteindre cet objectif.
— Les moyens mis en œuvre, répéta le jeune homme songeur.
— Oui. Tu vas voir qu'ils sont tout simples. Est-ce que le premier pas t'a semblé difficile ?
— Pas du tout.
— Le second ?
— Non plus. Tu ne vas pas tous les faire, plaisanta Teva Robinson.

L'être répondit à son sourire, détourna le regard un bref instant vers le lagon, puis revint sur le jeune homme en le détaillant attentivement.

— Tu vois que pour atteindre un objectif, chacun de tes pas doit être facile de façon à ce que tu puisses le répéter de nombreuses fois. Un pas après l'autre, de petites étapes que l'on peut atteindre facilement. La difficulté est de déterminer les différentes étapes.
— Un pas facile après l'autre. Bon. D'accord. Par exemple, comment dois-je procéder si je veux me "mettre" au jogging.
— Dans ce cas, la première étape est de courir dix mètres par jour quotidiennement.
— Que dix mètres ?
— Je schématise. L'idée n'est pas de courir un marathon mais de prendre une habitude, de programmer ton inconscient de façon à ce qu'il réalise cette tâche tous les jours sans effort. De fil en aiguille, ton corps demandera rapidement à courir cinq minutes par jour puis davantage. Tu comprends ? En procédant de cette façon, tu engages un dialogue avec ton organisme. Il va s'exprimer et il t'obéira d'autant plus si tu l'écoutes.

— Les sportifs sont au fait de cela.

— Oui, cela va sans dire. Divise ton objectif en un millier de petites actions et ne t'inquiète pas de savoir si tu vas effectivement l'atteindre ou pas. Tu l'atteindras si tu persévères. Il n'est pas de grands triomphes. Que d'insignifiantes victoires. Je te le répète une dernière fois ; le chemin vers ton objectif final est constitué d'étapes modestes facilement réalisables. Tu es un alpiniste, n'est-ce pas ?

— Oui. J'ai fait des balades en montagne, de l'escalade et des ascensions, ne put s'empêcher de fanfaronner le jeune homme.

— Alors je ne t'apprendrai pas que, lorsque tu grimpes une falaise, le fait de placer ton pied un petit centimètre plus haut, un infime détail, va te permettre de saisir la prise qui va te sortir d'un mauvais pas. Tu auras réglé la difficulté et fini ton ascension grâce à un infime détail d'un centimètre. Je me trompe ?

— Non. Tu "fais le pas" en déplaçant le pied un peu au-dessus, c'est vrai.

— Quel est ton degré de concentration lorsque tu grimpes ? S'enquit le sage.

— Maximal.

— Regardes-tu en bas ?

— Surtout pas.

— On ne regarde pas ce qui effraie. C'est très important. Les coureurs de rallye sur glace ne regardent pas le mur vers lequel ils dérapent dans le virage. Ils se concentrent sur la route, c'est à dire là où ils veulent aller. On se concentre uniquement sur son objectif pas sur les dangers.

— Je te suis, acquiesça le jeune homme.

— On ne se focalise pas sur ce qui fait peur mais sur les moyens d'atteindre son objectif. Lorsque tu es concentré sur un seul projet, ton cerveau inconscient va trouver tôt ou tard l'infime détail qui va te faire progresser. Il va se mettre en quête de ce que tu lui as demandé de chercher.

— Il va chercher ce sur quoi je me focalise, murmura le jeune Maori sur un ton méditatif. C'est cool, lança-t-il d'une voix plus forte en tournant la tête vers son mentor.

— Ne te laisse pas impressionner par l'éloignement ou la hauteur de ton objectif. Si je t'avais dit qu'on monterait jusqu'ici, aurais-tu accepté ?

— Peut-être pas.

— Il ne faut pas se concentrer sur l'objectif mais sur les petites étapes permettant sa réalisation. À quoi pensais-tu pendant l'ascension que nous venons de faire tous les deux ?

— À ce que tu m'as demandé de penser, cette situation où je me suis senti victorieux.

— Tu ne t'es pas concentré sur la difficulté de la tâche mais sur une pensée stimulante. Lorsque tu es impliqué dans un projet, focalise-toi sur l'instant présent, les bienfaits de l'effort que tu es en train de fournir ou au contraire, détache-toi de la difficulté en polarisant ton attention sur un souvenir agréable. Écoute bien car c'est important ; Fais une liste de souvenirs plaisants ou drôles et focalise-toi dessus le plus souvent possible. Tu pourras ainsi ignorer plus facilement les épreuves physiques ou les événements qui pourraient plomber ton énergie. Quand tu es chez toi ou à l'extérieur, au lieu de t'attarder sur des scènes démoralisantes, observe les gestes tendres et les sourires, écoute les paroles encourageantes, le bruissement du feuillage, les sons harmonieux de la nature et ce qui est bénéfique pour toi. En faisant souvent cet exercice, tu deviendras un expert. La vie est un supermarché sur tapis roulant, je le répète. À toi de saisir ce qu'elle t'offre. Mais choisis toujours ce qui est à ton avantage. Encore une fois, chaque pensée positive que tu fais apparaître dans ton esprit est un pas en avant et une petite victoire.

— Je m'en souviendrai.

— C'est l'ensemble de tous ces pas qui t'ont amené jusqu'ici. L'étape la plus importante a été ta décision de changer et de faire un petit effort sans te laisser impressionner par l'ampleur du défi. As-tu eu la tentation d'abandonner quand c'était plus dur ?

— Abandonner ? non.

— Garde bien en mémoire cet état d'esprit. Il te sera d'un grand secours. Celui qui réussit n'abandonne jamais. Entraîne-toi un peu chaque jour à la persévérance. Ton chemin est jalonné d'obstacles au point que tu pourrais parfois croire que le sort s'acharne contre toi.

— Oui, j'ai déjà ressenti cela.

— Si le combat te tient à cœur, résiste. Tu ne dois jamais rien lâcher, martela le sage.

— OK.

— Même quand c'est dur. Rien n'est permanent. Tout change. Même une situation catastrophique change. Il faut tenir le coup jusqu'à ce que la situation tourne à ton avantage. C'est pour cette raison qu'il ne faut jamais rien lâcher, m'entends-tu ?

— Je t'entends. Pour remporter des victoires il faut faire un petit pas après l'autre, ne jamais abandonner et garder cet état d'esprit victorieux dans ma caboche. C'est ça ?

— Exactement. Tu en as remporté d'autres, n'est-ce pas, des victoires ? (Revinrent à l'esprit du jeune homme les concerts où il chanta ses compositions devant un millier de personnes.) En répondant à quelques questions, tu vas te replonger dans ce souvenir et revivre ces instants victorieux. Tu veux bien ?

— Oui.

— Que vois-tu ? Demanda le sage.

— Le sourire de centaines de personnes en train de m'applaudir. La salle est comble.

— Qu'entends-tu ?

Un tonnerre d'applaudissements retentit dans la salle à la fin de la représentation.

— Des cris d'encouragement sincères et chaleureux.

— Que ressens-tu ?

— Je me sens à ma place et digne de ces applaudissements. Je ne me sens pas flatté dans mon orgueil mais plutôt tranquillisé parce que je suis reconnu pour ce que je suis.

— Comment te sens-tu maintenant à l'évocation de ce souvenir ?

Teva Robinson comprit rapidement l'impact de cet exercice sur ses émotions présentes et son état nerveux.

— Plus sûr de moi. C'est vrai, revivre ces souvenirs a une portée positive.

— Tout à l'heure, tu manquais de confiance en toi. En évoquant des souvenirs de victoire, tu as modifié tes pensées. Ressens-tu encore le mal-être qui te tourmentait ?

Le jeune homme temporisa avant de répondre.

— Plus du tout. Ni vague à l'âme, ni morosité. Tu es génial.

— Merci. La conclusion de cet exercice est celle-ci : penser à un moment où tu as remporté une victoire efface ta morosité et ta peur.

— Juste une pensée ?

— Une simple ... (le sage plongea sa pupille dans celle de son vis-à-vis) pensée. (Teva Robinson opina du chef.) Maintenant que tu as saisi cela, je voudrais que tu fasses une liste par écrit des moments où tu t'es senti victorieux comme lorsque tu as obtenu ton permis de conduire, un diplôme ou quand tu es sorti avec la fille dont tu étais amoureux. N'oublie pas les "petites" victoires ; un sourire, un mot gentil, une pensée positive chassant une idée négative, des mots d'amour. Note-les dans ton agenda. Replonge-toi dans ces souvenirs dès que tu doutes de toi.

— Ce que tu m'indiques de faire demande de l'investissement.

— De l'investissement et des efforts. Oui. Je te donne des méthodes pour être mieux dans ta vie. Pour cela, je te le dis encore une fois, il est important que tu contrôles tes pensées.

— Je comprends.

— Tu sais maintenant que tu peux abattre tes peurs et tes doutes en repensant aux victoires que tu as remportées. Il faut cultiver cet esprit victorieux.

— Un esprit victorieux. C'est tout un programme, non ?

— Je ne te dis pas que c'est facile. Mais vivre sans ne l'est pas non plus.

— Je me pose une question. D'où viennent ces croyances limitantes ?

La réponse à cette question allait laisser Teva Robinson sans voix.

● ● ●

Le sage le fixa silencieusement comme s'il hésitait à lui lancer des vérités dérangeantes au visage.

— De ton éducation, lâcha-t-il, de l'école, des "copains" ou de la télévision. Jusqu'à récemment, les gens ne savaient pas que leurs pensées avaient un tel impact sur leur vie. C'était avant. Maintenant ils le savent et tu le sais. Observe tes camarades de classe. Ils ont tous à peu près le même niveau d'intelligence. Comment se fait-il que leurs résultats scolaires soient si différents ?

— Parce que les croyances qu'ils ont sur eux-mêmes sont différentes.

— Ce que tu viens de dire est très important. L'estime de soi, l'image de soi et la confiance en soi sont des éléments déterminants pour l'évolution d'une personne.

— Qu'est-ce que tu entends par là ?

— L'estime de soi est l'évaluation subjective, le regard que l'on se porte à soi-même. Une bonne estime de soi favorise l'épanouissement personnel et la réussite dans plusieurs domaines de la vie. Elle se forme au cours des premières années de la vie. S'il est valorisé par ses parents et son entourage, l'enfant développera une bonne estime de lui-même. Il aura alors plus de facilité à acquérir des connaissances nouvelles à l'école, dans la sphère sportive ou artistique, et à prendre sa place dans la société.

— Pourquoi ? Comment cela fonctionne-t-il dans notre tête ?

— Avec une bonne estime de soi, on se sent plus en sécurité, en harmonie avec soi-même et avec son entourage. De ce fait, on peut se focaliser efficacement sur une activité sans douter et sans se poser de questions. Est-ce que je fais bien ? Qu'est-ce que les autres vont penser de moi ? Est-ce que j'avance aussi vite que les autres ? Quelle est ma valeur ? Lorsqu'on s'empêtre dans ce genre de questionnement, on avance moins vite et moins bien. Il arrive qu'un enfant ait une piètre estime de lui-même dans tous les domaines sauf en sport, en musique ou en école de théâtre, par exemple. Il va alors se développer dans ce domaine, acquérir une bonne estime de lui-même et devenir excellent. Tes capacités sportives t'ont permis d'avoir une bonne estime de toi-même. Il est un détail particulièrement intéressant ; lorsque tu t'estimes positivement, tu es estimé positivement par les autres. Les gens te voient comme tu te vois toi-même.

— Comment est-ce possible ?

— Lorsque tu as une bonne estime de toi-même, un premier phénomène se produit au niveau de ta posture. Tu ne marches pas voûté et les épaules en avant. Au contraire, tu te tiens droit. Tu as la tête haute et les épaules droites.

— Et cette petite nuance influence le jugement que les autres ont sur moi ?

— Exactement. Cette petite nuance et d'autres. Lorsque tu es sûr de toi, cela se voit sur ton visage et dans ton attitude et de ce fait, tu attires la confiance et le respect des autres.

— C'est intéressant. (Teva Robinson marqua une pause) Je voudrais savoir une chose. Comment améliore-t-on l'estime de soi ?

— En cultivant des croyances valorisantes fondées.

— Des croyances fondées ? Qu'est-ce que tu entends par là ?

— Prenons un exemple précis. Comment valoriser un enfant lors d'un cours d'anglais ?

Teva Robinson esquissa un petit sourire. Il se revit sur les bans de l'école et fixa le sage pendant quelques longues secondes sans pouvoir répondre.

— En mettant de bonnes notes, je suppose.

— Non. Cela exacerbe l'esprit de compétition. Certains vont se sentir supérieurs au détriment des autres, qui vont se sentir dépréciés. Les notes sont un excellent moyen pour dévaloriser et faire baisser l'estime de soi. Dans le même temps, les enfants se rendent compte de l'aspect artificiel de ce système. Les notes n'indiquent pas une réelle progression ni l'acquisition de réelles connaissances. Elles permettent seulement de classer les enfants les uns par rapport aux autres en fonction de critères arbitraires et plus que douteux. Non, les notes ne valorisent pas les enfants.

— Je ne vois pas, alors.

— Quel est l'élément le plus important dans l'apprentissage de l'anglais ?

— Voyons voir. Laisse-moi réfléchir un moment. Parler, peut-être.

— Parler et comprendre les anglophones. Exactement. Quelle compétence faut-il pour parler ?

— Je ne sais pas. Savoir prononcer, je suppose.

— Oui. Connaître la prononciation de tous les mots. Si tu sais traduire le mot "psychologue" mais que tu ne sais pas le prononcer, cela ne sert à rien car personne ne va te comprendre lorsque tu le prononceras et tu ne comprendras pas un anglophone qui le prononce.

— Cela me semble de bons sens.

— De quels outils dispose-t-on pour apprendre à prononcer ?

— Là, tu m'en demandes trop.

— On a trois choses : l'alphabet phonétique, à utiliser à bon escient, les laboratoires de langues et un professeur ayant une prononciation la plus rigoureuse possible.

— Je vois où tu veux en venir. Il n'y a pas de laboratoire de langues au collège et encore moins en école primaire.

— Les vrais laboratoires de langues sont à la faculté de lettres. Les étudiants apprennent à bien prononcer après avoir passé dix ans à prononcer de travers et la phonétique n'est pas au programme du collège ou du lycée. Le travail des étudiants anglicistes consiste à désapprendre ce qu'on leur a enseigné pendant des années, ce qui représente une dépense d'énergie et de temps considérable. Il leur faut ensuite apprendre à prononcer de la bonne manière, ce qui représente une seconde dépense d'énergie.

— Du coup lorsque les lycéens débarquent dans un pays anglophone, ils ont du mal à comprendre les anglophones et à se faire comprendre parce que leur niveau d'expression est faible. La honte.

— Oui. Ils se sentent nuls. On ne s'y prendrait pas autrement si on voulait anéantir leur estime de soi.

— Que faudrait-il faire, alors ?

— Il faut apprendre aux enfants à prononcer comme les anglophones et à utiliser les mêmes tournures de phrase qu'eux, et ceci dès leur plus jeune âge en école primaire.

— Oui, je vois. En France, on en est très loin. Ce que tu dis me ramène brutalement à l'époque où j'étais gamin à Moorea. Je me souviens qu'un professeur d'anglais m'avait appris plusieurs phrases avec une prononciation américaine. À Tahiti, on rencontre pas mal d'américains. J'ai donc eu l'occasion de les aborder et de converser avec eux. Je comprenais ce qu'ils me disaient et eux me comprenaient. Je me souviens maintenant que quelque chose s'est allumé dans mon cerveau à cet instant. Je me sentais fier de moi. Du haut de mes huit ans, j'étais capable de dialoguer avec des étrangers. Pour moi, ils n'étaient d'ailleurs pas si étrangers que cela puisque j'arrivais à échanger des idées avec eux.

— C'est très intéressant car ton estime de soi est montée en flèche à ce moment-là et maintenant tu es bilingue. Tu vois. C'est ce sentiment qu'il faut développer. Tu avais la preuve que tu étais capable de dialoguer avec un anglophone et fait très intéressant et surprenant, tu n'avais pas honte de parler une autre langue que ta langue maternelle.

— C'est sûr que la honte de parler anglais est un sérieux handicap pour progresser.

— C'est une pensée inculquée par un mauvais apprentissage.

Teva Robinson marqua une longue pause.

— Ce sont nos pensées et notre façon de penser qui déterminent nos résultats alors, finit-il par conclure.

— Exactement (l'intensité du regard du sage fit tressaillir le jeune homme). Maintenant, tu peux aller plus loin si tu le désires. Tu peux choisir tes croyances consciemment. Tu peux choisir de continuer à croire que tu es nul ou bien que tu es capable de remporter de nouvelles victoires. Tu peux laisser les autres contrôler tes pensées et les laisser te dévaloriser ou bien développer tes talents et tes dons. Tu n'as pas fait ce choix auparavant parce que tu n'étais pas conscient de l'impact de tes pensées sur ta vie. Maintenant, tu l'es.

— Je compte à rebours de dix à zéro et tu vas t'éveiller doucement, reposé, l'esprit apaisé, davantage confiant en toi-même, conclus-je, ignorant tout de la discussion qu'il avait avec son inconscient.

Teva Robinson dévisagea son mentor.

— Je choisis de relever le défi.

Il y eut une suite de cliquetis semblable au bruit que fait une bobine qui tourne dans le vide à la fin d'un film.

— ... un ... zéro.

Ils se fixèrent en silence, le sage et lui, et comprenant qu'il le reverrait, le jeune homme ouvrit les yeux avec un regard neuf sur notre monde. Allongé sur mon divan, il avait un indéfinissable air endormi mais les traits détendus et l'esprit en paix. Il avait changé et s'était défait de quelque chose que je ne pouvais identifier à ce moment-là.

Lorsqu'il se leva une fois qu'il m'eut raconté toute l'histoire, Arrow s'étira puis s'ébroua, se débarrassant lui aussi de quelque poussière que j'avais laissée traîner par terre.

Quant à moi, je restais assis et hébété, repensant à ce qu'il venait de me livrer et ne pouvant repousser les questions qui se bousculaient dans ma tête. Mon statut de médecin est le fruit de ma façon de penser. Je vous assure que je n'ai pas plus d'aptitudes que les autres pour étudier, ni plus de facilité. Je dois reconnaître que j'ai failli abandonner à un moment où j'avais l'impression de ne pas avancer. Mais quelque chose m'a permis de rester sur les rails. J'avais une motivation, une raison de me lancer dans des études de médecine et de les mener à bien. Cette motivation était survenue suite à une scène dramatique à laquelle j'avais assisté impuissant et qui avait instillé une idée fixe dans ma tête ; devenir médecin. Ce n'était qu'une simple idée. Ce genre de pensée peut survenir à tout moment et changer notre façon d'appréhender la vie en quelques secondes.

Les paroles du sage étaient de bon sens. Elles m'avaient touché. Non, elles m'avaient remué car elles venaient de modifier sournoisement d'infimes détails.

Dès qu'ils sortirent de mon cabinet, lui et son chien, je déposai mon costume de médecin respecté et filai à Papeete. Une surprise m'attendait à Moorea.

Chapitre 5

J'attrapai in extremis la navette pour Moorea. Je dis in extremis mais c'est sans mentionner ma tendance à la gaucherie une fois sorti de mon lieu de travail.

J'avais notamment la fâcheuse habitude de lancer mes clés en l'air pour paraître décontracté et sûr de moi, même en mer. C'est ainsi que, sur la navette entre Tahiti et Moorea, je perdis l'équilibre à cause d'une vague traîtresse et m'étalai sur le pont, mes clés fort heureusement rattrapées par un tahitien taillé comme un champion de pirogue qui, pince sans rire, me fit remarquer que je pourrais attraper les clés avec les pieds si je faisais la chandelle. Je le remerciai honteux et le sourire nerveux. Mais passons sur mes maladresses.

Après la traversée, toujours le même ravissement à l'approche de la baie de Vaiare ; dans le lagon, les bleus auxquels nul peintre n'avait donné de nom, la nature luxuriante accrochée aux pentes escarpées et cette atmosphère à la fois relaxante et magnétique me ramenèrent à des souvenirs qui n'avaient jamais existé et que je peine à décrire.

Je passai le week-end sur l'île sœur. Ce matin-là, le ciel était partiellement couvert et l'horizon, sombre, tandis que les alizés rafraîchissaient l'atmosphère et les visages. Une pluie fine se mit à tomber, illuminant l'espace de mille gouttelettes au-dessus de mon fare[1], le long de la baie de Pao Pao et sur la droite au-dessus du récif. Soudain, comme je levai les yeux de la partie d'échecs que nous avions entamée mon voisin et moi, une trouée à travers la couche nuageuse laissa passer un rayon de soleil qui enflamma une petite surface du lagon, celle-là même où un voilier eut la riche idée de s'amarrer. Un autre rai de lumière se posa sur les cocotiers, qui se découpaient sur fond gris, et fit miroiter chacune de leurs palmes telles les facettes d'un diamant. Un étrange silence avait envahi le voisinage. Je suppose que chacun d'entre

---

[1] maison tahitienne

nous était sous le charme et se délectait de ce spectacle que nous n'avions pas choisi mais qui nous surprit au milieu de nos rêveries. Se produisit alors un phénomène que je n'avais jamais eu l'avantage de contempler ; le voilier au milieu du lagon fut baigné dans un segment d'arc-en-ciel qui se manifesta par quelque fantaisie de la nature et qui ajouta au tableau la parfaite touche d'harmonie en ravissant les esprits et les âmes.

    Le récit de Teva Robinson encore en tête, je m'attardais plus que d'habitude sur ces "petits" cadeaux de la vie. Mais revenons à la surprise dont je vous parlais à l'instant. Depuis deux jours en effet, je recevais de charmantes visites. À tout bien y réfléchir, il me semble qu'elles firent suite à une discussion que j'eus avec une mamie voisine. Radio cocotier officiait mieux qu'internet, surtout quand il s'agissait de rire autour d'une Hinano, la bière locale, mes coutumières gaffes ayant déjà fait plusieurs fois le tour de l'île.

    La quarantaine passée, je m'étonnai de pouvoir représenter un quelconque attrait pour une jeune femme. L'avenir allait bouleverser mes croyances et j'allais n'en mesurer que mieux, sans comprendre et sans le voir, l'effet hypnotique de mes yeux bleus d'américain sur la gente féminine que l'île paradisiaque avait le bonheur de porter. Partout dans le monde, rien ne pouvait remplacer ni les lettres par la poste ni les émotions qu'elles suscitaient, pas même internet qui montrait ses limites lorsque votre correspondant ne disposait pas de votre adresse mail. Sauf qu'à Moorea, les choses ne semblaient pas fonctionner exactement comme ailleurs. Je reçus en effet la visite en fin de matinée d'une fillette qui me tendit une enveloppe avec l'élégance du siècle dernier.

— Une lettre pour toi, m'annonça-t-elle sans préambule mais avec le sourire de celle qui se sent heureuse sur son île.

Je décachetai l'enveloppe en la regardant s'éloigner. L'écriture fine était à n'en pas douter celle d'une femme. Je découvris les mots sans croire qu'ils étaient à mon intention.

Cher Umphrey,

Je m'appelle Manavaimamanaeura. On s'est croisés plusieurs fois devant le chinois à Moorea. Je ne sais pas si tu te souviens de moi. J'ai appris que de nombreuses vahinés venaient te voir chez toi pour te faire la cour. Je voudrais faire connaissance avec toi. Je passe te voir dès que j'ai un moment.

Manavaimamanaeura

Essoufflé à la lecture de son nom et dubitatif, je dus m'asseoir pour relire et remettre de l'ordre dans ma tête.

Il est vrai que deux charmantes jeunes femmes étaient venues me voir. La ravissante Moana à la taille fine avait partagé avec moi un poisson cru au lait de coco qu'elle avait préparé chez elle. La douce Poe avait passé un coup de balai dans ma cour à la tombée de la nuit. Et Manamama... on m'écrivait des mots d'amour. Mes visiteuses n'étaient pas aussi nombreuses que cela finalement mais j'étais aux anges.

Il me fallut néanmoins plusieurs jours avant de réussir à prononcer le prénom de mon écrivaine sans buter sur les syllabes.

Telle était la surprise. Des mots d'amour qui me ravirent, je ne peux le nier.

Mais ce n'était pas la dernière de la journée car en effet après le repas, mon œil fut attiré par hasard vers le lagon au moment où une baleine agitait sa nageoire blanche. C'est moi qu'elle saluait, décidai-je l'étonnement passé. Le signe était à mon intention et m'indiquait que tout allait bien. Je me sentis étrangement rassuré.

En quête d'une autre démonstration, je persistai à scruter l'océan pendant quelques minutes mais ce dernier resta uniformément gris sauf au bout de l'horizon où il était strié d'éclats argentés et éblouissants. Aucune baleine ne se manifesta plus.

Les yeux saoulés de lumière, je repris le cours habituel de ma journée.

Je choisis de flâner sur le chemin de corail sans autre but que celui d'être là, m'abreuvant du calme ambiant, le regard irrésistiblement attiré vers les falcatas aux branches majestueuses et au feuillage en forme de parasol et vers le moutonnement des vagues sur le récif. Alors que j'observai les effets d'ombre dans la montagne, la lumière ajouta sans doute par quelque magie un insaisissable détail ; les couleurs froides se mirent à vibrer de concert en se mêlant aux bruns et aux rouges chauds. Je clignai des yeux croyant à une illusion. Les voisins polynésiens eux, vaquaient à leurs occupations, une bière à la main ou un jeune enfant dans les bras, ratissant les feuilles mortes ou coupant les herbes folles dans leur jardin. Des jeunes à côté de leur vélo discutaient, hilares ou pensifs. D'autres, un ukulélé à la main, se balançaient au rythme d'une mélodie qui leur trottait dans la tête.

Puis, la journée tira à sa fin. J'adorais ce moment où, dans un ciel lavé de ses impuretés par les averses et le vent du large, la lumière s'adoucissait progressivement. Le soleil se posa avec langueur sur la ligne entre ciel et océan en faisant rougeoyer les stratocumulus par en-dessous. Le lagon refléta ce spectacle sans cesse renouvelé devant nos yeux ébahis. J'observai sur ma droite une nuée de sternes plonger frénétiquement près du récif, l'ombre des cocotiers qui s'étirait sans fin sur la plage de sable blanc et là-bas, les nuages accrochés à flanc de montagne. Le tronc blanc des falcatas, quant à eux, se mirent à resplendir sous les derniers rayons du jour. Cette lumière cristalline était partout où portait mon regard et ravivait d'inaccessibles souvenirs perdus dans un passé où la vie était tendresse et douceur.

Le soir dans la cuisine, je préparai un plat de légumes agrémentés de frites de uru et nappés de lait coco, en écoutant le soupir apaisé des vagues sur la plage à travers les fenêtres grandes ouvertes. Mes gestes se figèrent un instant quand le souffle rafraîchissant des alizés traversa lui aussi la pièce. Je savourai alors la caresse sur mon visage et l'indéfinissable sentiment de plénitude qu'ils apportaient avec eux. C'est cette émotion que j'étais venu chercher ici. Je ne peux pas vous faire croire que cette île est le paradis mais à certains moments, on pourrait s'y méprendre.

La nuit se posa enfin sur chaque chose. Je ne saurais dire à quel moment les grillons et les criquets commencèrent leur chant nocturne. Je sais juste qu'ils adoucirent un peu plus l'atmosphère et qu'un soupir s'échappa de mes lèvres. Au milieu de cette féerie, j'éteignis toutes les lumières avant de sortir, levai les yeux au ciel et me laissai envoûter par le fourmillement d'étoiles. Le chasseur Orion, insensible à nos tourments, trônait là en se riant des millénaires en compagnie de Sirius, Aldébaran, les lumineuses Pléiades, Castor et Pollux. Elles étaient toutes là dans un ciel limpide et lissaient les fronts inquiets. J'étais en apesanteur. Je voguais. Non, je baignais dans leur contemplation.

Tout d'un coup, un claquement sec semblable à un coup de feu me ramena à la réalité. Le bruit venait du milieu du lagon, celui-là même où se miraient les étoiles et où les baleines passaient quelques semaines le temps de mettre bas et d'élever leur baleineau, reproduisant ainsi un rituel dont l'origine se perdait dans la nuit des temps. L'une d'elle venait de sauter hors de l'eau et était retombée bruyamment sur le flanc. Elle était là, à quelques encablures de nous en compagnie de ses congénères. On entendit un autre claquement, puis une mélodie grave et profonde aussi ancienne que le début du monde envahit l'espace, fit vibrer ma cage thoracique et nous figea tous, polynésiens et popa'a. Un frémissement me parcourut, semblable je suppose, à celui des premiers arrivants sur l'île qui, à l'écoute du concert unique des baleines, comprirent qu'ils avaient trouvé leur paradis perdu.

Bien sûr, de retour à la maison je repensai à ce spectacle à rebondissements mais, alors que je m'apprêtai à déguster le poe de bananes[2] que j'avais sorti du réfrigérateur, m'assaillit à nouveau le surprenant récit de Téva Robinson. Il m'obsédait et me revenait sans cesse en mémoire telle une mélopée hawaïenne. Il y avait une raison à cela, et celle-ci me tourmentait ; je n'avais aucune certitude exceptée celle que le jeune homme ne fabulait pas.

Devant mon dessert inentamé, je fus à nouveau frappé par des questions qui me dérangeaient ; qui était le sage ? Était-il le produit d'une imagination débridée ou une partie de Teva Robinson plus grande que Teva Robinson et qui avait accès à des connaissances que le jeune homme ne pouvait avoir ?

Perturbé par ces questions, je consultais compulsivement mon agenda en comptant les jours avant mon prochain rendez-vous et en me demandant quels secrets le sage sur la colline allait me révéler. Puis vint le jour du rendez-vous.

---

[2] dessert tahitien

Chapitre 6

Plus à l'aise que lors de la première séance, Teva Robinson ne fut pas long à plonger en état de transe. Son chien Arrow, allongé paisiblement sous le bureau, ferma les yeux.

Je récitai les phrases que je connaissais presque par cœur alors qu'il s'immergeait dans un univers auquel personne n'avait accès et qu'il découvrait à chaque instant. Il n'était plus ici, parti vers un ailleurs où une autre réalité le disputait à la raison.

Une demi-heure plus tard, il s'éveilla progressivement et à regret semble-t-il à en juger par le froncement de ses sourcils, après mon compte à rebours.

Le récit qu'il était sur le point de me confier allait me laisser sans voix.

Je notai tout de suite un changement sur son visage et je le dévisageai, intrigué et avec une fêlure d'incompréhension dans la pupille car, ce que personne ne fit avant lui à la fin d'une séance d'hypnose, il s'emmitoufla dans le couvre-lit sur lequel il était allongé en serrant ses bras contre sa poitrine.

Jamais je n'avais remarqué une telle réaction.

Il grelottait alors qu'il faisait une température de vingt-cinq degrés. On ne pouvait pas avoir froid ici, à Tahiti. Que s'était-il passé ?

Il me demanda une couverture, n'importe quoi, quelque chose pour le réchauffer. Parant au plus pressé et sans poser les questions qui s'agitaient dans mon cerveau, je me précipitai vers le placard où j'entreposais des vêtements propres et lui apportai tout ce que j'avais trouvé.

Je me rendis brutalement compte que son nez et ses pommettes étaient rouges. Je soulevai les sourcils d'incompréhension car sans un mot, il me prit la main en me détaillant.

La sienne était glacée.

J'aurais pu le serrer contre moi, c'est d'ailleurs ce qu'aurait fait une femme, mais vous savez comment on est.

Au lieu de cela, je lui préparai un thé à la menthe.

Alors qu'il se réchauffait, je le regardai tel un alien. Les yeux me brûlaient de fixer sans ciller son visage d'où semblait émaner une énergie empreinte de détermination et qui me fascinait.

— Que s'est-il passé ? lâchai-je enfin.

— Tu ne vas pas me croire, annonça-t-il les doigts blancs enlacés autour de la tasse made in China.

Il commença son récit et je dois vous l'avouer, je ne l'ai pas cru tout de suite.

Dès les premières minutes de la séance son esprit s'égara. Au moment où il ouvrit les yeux, il fut frappé de stupeur.

Devant lui, se tenait une jeune personne, une femme.

Il n'éprouva bientôt plus aucun embarras et tout devint parfaitement conventionnel. Cet instant fut aussi époustouflant qu'attendu, aussi surréaliste qu'ordinaire.

Se déroulait devant ses yeux une scène qui n'existait pas dans sa mémoire l'instant d'avant et qui, à présent, semblait avoir toujours été là, elle, en jupe blanche, le cheveu abondant, lui, le regard fixe comme hypnotisé par le sourire léger sur les lèvres féminines et le corsage blanc.

Il la connaissait, cette fille. C'est sûr. Ils s'étaient rencontrés quelque part. Tout ce qui lui venait en mémoire était un instant qu'il devinait unique. Il y a cent ans, mille ans ou plus peut-être. Et pourtant, il lui semblait qu'il l'avait quittée hier. Ses sens le trahissaient.

À ce moment-là, il lui sembla évident qu'il avait vécu une autre vie, à une autre époque dans une autre pays et que c'est là, qu'ils s'étaient rencontrés. Où ? Quand ? Peu importait.

Elle le connaissait, elle aussi. Elle était au courant pour ses frayeurs, ses cris et ses prières dans le secret de sa chambre. Elle lui tendit la main, fragile et magnifique à la fois, fraîche et chaleureuse, sans le toucher comme si elle-même avait peur d'effacer la vision.

C'est ainsi que tout avait commencé.

Il sentit une douce chaleur dans le creux de la main. Inutile de baisser la tête pour voir sa main à elle dans la sienne. La pupille de Teva Robinson plongea dans son regard bleu tandis que les doigts de la jeune femme entrelaçaient les siens.

Ça y est ! Il était en apesanteur.

— N'aie pas peur, murmura-t-elle.

— Je n'ai pas peur. C'est seulement que ...

Ils s'élevèrent tous les deux de quelques centimètres au-dessus du sol. Les yeux du jeune homme s'écarquillèrent. Son rythme cardiaque s'accéléra d'un coup. Son souffle se figea.

Il était là, sur la plage de la Pointe des Pêcheurs, à quelques dizaines de mètres de mon cabinet devant le lagon et Moorea en arrière-plan, mais ses pieds ne touchaient plus le sol. Il fit un brusque geste du bras pour retrouver son équilibre.

Tout d'un coup, le calme le plus total figea chaque chose à l'extérieur comme à l'intérieur. Plus un souffle de vent. Plus un bruit. Il fut envahi de bien-être et rien n'avait plus d'emprise sur lui, ni peur, ni souvenir.

Vint le moment où ils s'envolèrent tous les deux au-dessus de la plage.

Que ressentait-il à ce moment-là ?

C'est comme s'il était dans un rêve et qu'il allait se réveiller. C'est comme si le monde entier était fait pour lui et qu'il avait tout programmé pour faire de lui ce qu'il était à cet instant-là ; un être sans peur.

L'avenir ne l'effrayait plus. Il ne se souvenait plus du passé. N'existait que ce moment ravissant où il se sentait riche et avait la conviction qu'il était venu jusqu'ici avec la plus belle voiture et non pas avec sa petite citadine.

La plage s'éloignait d'eux, lentement, tout d'abord, puis de plus en plus vite. Le lagon apparut dans son ensemble. C'était donc si grand et si beau que cela et en bas, si petit ! L'ombre des arbres et de la colline s'allongeaient.

Ça y est ! Il se sentait à nouveau insouciant et libre comme quand il était enfant.

Ils s'élevaient de plus en plus vite. Les gens sur la route ressemblaient à de minuscules insectes immobilisés par quelque prodige. Les voitures n'étaient pas plus grosses que des graviers. Puis, ils se retrouvèrent tous les deux au-dessus des nuages. Les volutes blanches, grises et bleues pareilles à des arabesques rococos, artistiquement surréalistes, s'étendaient jusqu'au-delà de l'horizon.

Étrange qu'elles fussent toutes différentes les unes des autres. Magnifiques ces festons cotonneux emmêlés les uns dans les autres que les vents d'altitude tordaient ou dissolvaient à leur guise.

On lui avait dit que c'était immense. En effet. Cela l'était. On ne distinguait plus aucune terre, non plus d'océan. Il n'y avait que le ciel immense qui faisait résonner une impression pour l'instant indescriptible. L'intérieur de son corps était semblable à l'extérieur ; bleu et sans limite.

La jeune femme tendit la main un peu en-dessous d'eux. Il la considéra sans comprendre car il ne vit rien de particulier si ce n'est un morceau de nuage parcouru d'hélices rebelles pareilles à des lettres aux rondeurs virevoltantes.

— Viens avec moi, vite. Je vais te montrer un truc, souffla-t-elle.

Il la contempla incrédule. Était-il vraiment ici ? Cela paraissait tellement réel.

Une seule certitude ; il se sentait divinement bien.

Il la suivit jusqu'à un nuage gris où elle déposa une note de musique. À son tour, Teva Robinson écrivit des notes puis d'autres encore. Et, scintillant sous le soleil qui commençait sa descente vers l'océan, s'enchaînèrent de longues mélodies. Un concerto apparut ainsi sur des pages et des pages. Quelle ne fut pas sa surprise de voir les croches, les blanches et les rondes se détacher tour à tour et tomber comme des gouttes de pluie. Elles glissaient vers le sol.

Son geste se figea. Ses sourcils se soulevèrent. Que fallait-il faire maintenant ?

— Viens ! Lança-t-elle. Dépêche-toi. On n'a pas le temps.

— Pas le temps. Mais, ...

Alors qu'ils les suivaient, les notes se transformèrent les unes après les autres en gouttes d'or. Ils échangèrent un regard furtif avant de fixer, ébahis, les perles par millions. Il n'y avait pas d'autre alternative que de plonger avec elles jusqu'en bas.

Ils se posèrent sur la plage déserte de la Pointe des Pêcheurs comme deux parapentistes et levèrent les yeux au ciel alors qu'une bruine lumineuse les éclaboussait.

Il se baissa et tendit le bras vers les petits grêlons d'or en flaques.

Il n'en revenait pas.

De l'or massif.

Sa musique était devenue des gouttes d'or qui s'amoncelaient sur le sol. Il n'avait plus qu'à ramasser. Il haussa les sourcils, un instant interdit.

— Qu'est-ce qu'on fait ?

— Fais pas l'idiot. Remplis tes poches. C'est le moment. Dépêche-toi, je te dis. Y'en a plein partout. Regarde, ça tombe du ciel, lâcha-t-elle en levant les yeux et en riant. Tu pouvais imaginer ça ?

— Non. Et toi ? Tu crois que c'est réel ?

Son visage se couvrit de paillettes. Elle en avait sur les dents, les cils et les lèvres. Cela rutilait et scintillait.

— On va voir.

Elle ne l'aurait pas fixé plus intensément si elle avait voulu le mordre. Elle approcha son visage du sien.

— Attends. Que veux-tu d… ?

Il n'eut pas le temps de finir sa phrase que les lèvres de la jeune femme se posèrent sur les siennes. Ses paupières se rapprochèrent instantanément l'une de l'autre avec l'élégance de deux voiles aimantées. Puis il sentit une légère dépression sous la plante des pieds. Ses oreilles bourdonnèrent.

C'est ainsi lorsqu'un beau rêve s'achevait, alors. Il y avait ce bourdonnement et ce silence avant le retour à la vraie vie. D'accord. Il allait se réveiller et tout allait reprendre comme avant.

— Non, c'est bien réel, entendit-il soudain.

Il sursauta en ouvrant les yeux.

Le visage de la même jeune femme était tout près du sien, un large sourire plein les lèvres.

— Regarde !

Ses pupilles se tournèrent vers sa main couverte d'une poussière jaune terne.

— Ramasse tout ce que tu peux, lança-t-elle en se baissant devant lui et en remplissant ses poches. On emporte tout ça.

— D'accord.

Tout d'un coup.

— Viens !

Elle le tira par la manche.

— Attends ! Il en reste encore plein par terre.
— Trop tard. Il faut faire vite. On n'a pas le temps.

Elle se précipita vers l'objet flou qui semblait se dessiner à un jet de pierre devant eux en apesanteur sur le lagon à quelques mètres à peine de la plage. Elle lâcha légèrement l'étreinte de ses doigts pour gagner quelques millimètres. Il manqua perdre l'équilibre et s'étaler sur les morceaux de corail en essayant de la suivre.

— Attends !

L'objet se précisait. Il était de forme rectangulaire.

— Vite !

Il courut aussi vite qu'il le pouvait avec l'eau à hauteur des chevilles alors qu'elle se jetait en avant, la main tendue pour saisir la forme. Cette dernière était complète à présent.

Une porte !

Une porte ? Que faisait-elle là ? Non, un vortex !

— Vite !

Pas le temps de réfléchir ni de se poser de questions. Il se précipita à sa suite pendant que les contours redevenaient flous à nouveau. Ce n'est pas vrai ! Elle était en train de s'effacer !

Le regard déterminé, la bouche grande ouverte, semblable à une sprinteuse franchissant la ligne d'arrivée, elle tourna la poignée et plongea en avant, le buste tendu au maximum. Au lieu de tomber dans l'eau, elle fut emportée dans la spirale.

L'instant d'après, elle s'étala par terre. Il se retrouva sur elle dans une poussière indescriptible. Un nuage de poussière blanche … et froide.

Ses sourcils se soulevèrent.

● ● ●

Ils étaient sur le toit du monde.

Ici, le temps semblait suspendu et immobile comme une musique planante succédant brutalement à un rythme effréné.

Là, n'était d'autre bruit que celui du vent.

Son œil ébahi était irrésistiblement attiré vers le tapis de neige fraîche qui glissait à quelques centimètres sous sa poitrine et qui était emporté sans ménagement dans le vide. Ils restèrent tous les deux paralysés et en équilibre au-dessus de l'abîme, qui ne semblait avoir aucun effet sur eux si ce n'est celui de les laisser abasourdis. Flottant au-dessus de l'immensité, d'improbables oiseaux rouges et jaunes narguaient les éléments et les humains. Des oiseaux rouges ?

— C'est ici, cria-t-elle dans la tourmente.

— Ici ? Mais qu'est-ce que tu veux dire ? Je suis en train de geler.

Elle s'épousseta la manche d'un revers de la main.

— C'est ici qu'il faut venir.

— Ici ? Il faut venir ici ? Pourquoi ? Qu'y a-t-il de si important, ici ? Et où sommes-nous exactement ? Je vais mourir de froid dans deux minutes.

— Tu as raison. Partons. Viens avec moi !

Elle lui prit la main et se précipita avec lui dans le vide. Il avait dû perdre connaissance ou alors il y eut de la magie car ils se retrouvèrent d'un coup à la Pointe des Pêcheurs et posèrent le pied précisément à l'endroit d'où ils étaient partis.

— Naelys, répondit la jeune femme alors que son compagnon n'avait pas ouvert la bouche.

Son nom sonna comme un souvenir oublié.

— J'étais sur le point de te poser la question, réussit-il à préciser malgré le trouble.

Puis il entendit mon compte à rebours et se réveilla à contre cœur.

— Je suis allé au sommet de l'Himalaya, docteur Bolt. J'étais avec une fille magnifique et j'ai failli mourir de froid.

Je restai un instant interloqué après son impensable récit. Je m'attendais à tout sauf à cela. Il avait vraiment vu cette fille comme il me voyait. Les questions fusèrent.

— Comment ?

— J'en sais rien, comment. Je sais juste que c'était aussi réel que la chaise sur laquelle je suis assis.

— C'est pas possible.

— C'était réel, s'énerva-t-il.

— Tu étais ici sur ce canapé. Tu n'as pas pu te déplacer à l'autre bout du monde, certifiai-je de façon à éliminer une explication possible. Mon divan n'est pas un lieu de téléportation. Ça t'étonne ? Je ne t'ai pas quitté des yeux et je n'ai pas cessé de te parler.

— Alors il y a plus d'un problème.

— Plus d'un. Je ne te le fais pas dire.

— Attends une minute ! J'étais sur l'Himalaya avec une fille. Je te le garantis.

— On ne m'a jamais raconté un truc pareil. Le pire c'est que je te crois.

— Eh bien moi, j'ai jamais vécu ça, si ça peut te rassurer. Et franchement, ça me dépasse.

— Qui est cette fille ? Comment a-t-elle fait ça ?

— Mais je n'en sais rien moi. Et puis ce n'est pas elle qui a fait ça. C'est moi (il fit une pause en me considérant d'une manière équivoque) ou toi.

— Je t'assure que je n'ai fait que te plonger en état de transe comme tu me l'as demandé et comme je le fais depuis des années. Qu'est-ce que ça peut être ? Un dédoublement corporel ? Un voyage astral ?

Nous aurons plus tard une explication à ce phénomène, explication qui défiera notre entendement.

En attendant, nous étions tous les deux plongés dans nos supputations.

— Et la blonde qui m'a abordé dans la rue en m'appelant d'un drôle de nom. Qui était-elle ?

Son chien nous regardait l'un et l'autre à tour de rôle.

— J'en sais rien. Les deux phénomènes sont différents mais ils ont cela en commun qu'ils sont tous les deux incompréhensibles, affirmai-je sans savoir de quoi je parlais.

Il se leva et alla se servir la tasse de thé que je lui indiquai sur le meuble adjacent de fabrication locale. Du coin de l'œil, je le vis ensuite se figer, les deux mains jointes devant le nez et la bouche. Arrow le fixa, les oreilles dressées. L'idée lui vint d'un coup.

— Et s'il y avait un autre moi loin d'ici ? (Une esquille éblouissante dans le regard, il tourna la tête vers son chien comme si ce dernier connaissait la réponse.) Et si on vivait dans plusieurs endroits à la fois dans des dimensions différentes ? Ça expliquerait peut-être la blonde.

Je le détaillai fixement sans répondre, un sourire benêt au bord des lèvres mais la pupille scintillante.

— Là, tu tapes un peu fort.

— Lorsque j'ai lu un sujet du même style dans un journal scientifique, je me suis dit que c'était encore un délire de physicien. Ils nous racontent n'importe quoi ces types avec leurs univers à onze dimensions, leurs électrons qui voyagent dans le temps et leurs particules intriquées. Un nombre croissant d'entre eux disent que c'est leur logique qui les amène à proposer ces théories. Mais quand j'ai réalisé que j'étais à Tahiti et au sommet de l'Himalaya en même temps, j'ai tout d'un coup trouvé que leurs idées n'étaient pas si bêtes que ça et qu'elles allaient peut-être m'éviter de devenir fou. Ils disent que les mondes parallèles seraient reliés par des trous de vers.

— Tu te souviens de l'endroit d'où vous êtes partis ? Le coupai-je dans ses délires.

— Juste à côté. (Je blêmis à l'idée qu'un phénomène improbable venait peut-être de se répéter au même endroit.) On a décollé et on s'est retrouvé sur la plage à deux pas d'ici. Il y a peut-être une porte là.

Je sursautai et levai les yeux vers lui. Je frémis à l'idée qu'il me parlât de la Pointe des Pêcheurs.

— Qu'est-ce que tu viens de dire ?

L'intensité de son regard me percuta et ses mots me firent l'effet d'une révélation sur l'ordre secret de l'univers.

— Et s'il y avait un portail à la Pointe des Pêcheurs ?

Je tressaillis à l'évocation de cette plage. Il serait sans doute utile ici de mentionner la particularité de ce lieu car c'est là précisément qu'un autre événement hors du commun se déroula et que je vous narrerai plus tard. J'avais l'étrange intuition qu'il se passait quelque chose dans cet endroit et la suite de son histoire allait me montrer que je ne me trompais pas.

• • •

La séance avait amplement dépassé mes capacités à faire face à l'inconnu et je pris congé de mon patient. Après leur départ, un peu abasourdi, je fis quelques pas sur la plage de la Pointe des Pêcheurs, celle-là même où s'était produit les événements qu'il venait de relater. En observant cet endroit à la fois rassurant et insaisissable, je repensai malgré moi au froid et à l'invitation de la fille au sommet des glaciers. Teva Robinson décrivit son expérience avec tellement de détails et de passion qu'il ne me vint pas à l'esprit de la mettre en doute. Je restai ainsi pensif et dubitatif pendant de longues minutes et, renonçant à donner une explication rationnelle à cette séance, je me laissai bercer par le brouhaha langoureux et lointain des vagues contre le récif.

Là-bas, au bout de l'horizon, une rue de nuages gris et blancs semblait paresser au-dessus de l'océan tandis que des sternes blanches, bleues lagon, survolaient les eaux en quête de pitance et que des échassiers sur la plage me gratifiaient de leur trille tropical. Pendant de longues minutes, je m'imprégnai du calme ambiant et de l'atmosphère apaisante de ce lieu. Puis, je me fis violence et tentai de revenir doucement à la réalité.

De retour à mon cabinet, je rassemblai mes affaires, montai dans la voiture en direction du port de Papeete et de là, je pris la navette et retournai chez moi à Moorea. Mais la journée n'était pas finie. Je ne saurais dire si c'est le fait d'une coïncidence ou une aubaine de la destinée mais il me sembla que l'élan des récits de Teva Robinson se répercutait dans ma vie quotidienne et qu'il marqua le début d'un changement. J'allais en effet vivre un moment pour le moins, comment vous dire, agréable.

Chapitre 7

La soirée commença pourtant doucement. Allongé à dix mètres de la plage devant le petit bungalow qui jouxtait mon fare, un verre de vodka à portée de main pour m'aider à méditer et tenter d'ignorer la narration inouïe de Teva Robinson, je décidai de céder à l'inaction et laissai, comme à la Pointe des Pêcheurs, mon œil se poser sur le lagon et les cocotiers. L'élégance du vol des frégates et des phaétons, les couleurs uniques et les nuages rosés dans un ciel clair invitaient plus à la contemplation qu'à l'activité. D'ailleurs, le soleil me donnait raison en déclinant paresseusement vers la frontière entre l'espace et l'océan Pacifique. L'analogie entre mon état d'esprit et l'astre rougeoyant ne me poussa pas à plus d'action.

D'ici, l'on voyait souvent des pirogues aller et venir, certaines dans ma direction. Elles obliquaient toutes finalement et se dirigeaient vers une autre plage ou un coin de pêche voisin. La pirogue qui attira mon attention ne changea pas de direction et aborda bientôt devant mon fare. Je me redressai sur mon transat.

Quelle ne fut pas ma surprise de voir une ravissante polynésienne, les cheveux tressés ornés d'une couronne de fleurs. L'esprit à nouveau sollicité, je fis tout mon possible pour ne pas scanner trop longtemps son corps de rêve, sans trop de succès d'ailleurs. Elle venait sûrement faire des photos et attendrait son photographe sur la plage. Ce dernier avait plutôt intérêt à faire vite du reste, car la nuit n'allait pas tarder à tomber. Derrière mes lunettes de soleil, je tournai la tête suffisamment de côté pour qu'elle ne s'imagine pas que je la reluquais, tout en tournant les yeux dans sa direction. Elle était magnifique. La vie aussi, de temps en temps et ici plus qu'ailleurs, me sembla-t-il soudainement. Elle dirigea ses pas vers moi et je ne pus faire autrement que de la regarder. Je levai la tête à mesure qu'elle avançait et fondis sous son sourire charmeur. Elle se présenta comme étant la personne qui m'avait envoyé la lettre. Imaginez mon étonnement. Fort heureusement, j'étais assis et ne broncha pas sous le coup de la surprise.

Manavai ... (j'y arriverai, un jour) ! La fille devant le magasin du chinois ! Bien sûr que je l'avais remarquée mais je ne l'avais pas reconnue sous les hibiscus et les fleurs de tiare.

N'étant pas préparé à cette nouvelle, aucun son ne sortit de ma bouche et j'espère qu'elle n'entendit pas celui qui résonna dans ma cage thoracique.

On se calme mon petit Umphrey Bolt. Il s'agit sans doute d'un malentendu. Elle va s'en aller.

J'aurais pu me lever et lui faire visiter mon modeste intérieur, mais au lieu de cela, pour masquer mon émoi, je tendis la main vers le verre posé sur la table basse en rotin. Je portai ce dernier à mes lèvres et butant sur mon menton, renversai la moitié de son contenu sur le polo que je venais d'acheter. Encore une gaffe à mon actif. Je me redressai précipitamment, honteux et grommelant et notai le petit sourire opportun au bord des lèvres boudeuses de ma visiteuse. On l'avait certainement informée de mes maladresses.

Elle déposa malgré tout à ses pieds un panier de manufacture locale débordant de mangues, bananes, pommes étoile et autres fruits délicieux et, trouvant sans doute un certain attrait à mes deux désarmantes mains gauches ou à mes yeux bleus, ne s'en alla pas.

— On s'est croisés plusieurs fois devant le chinois, je m'en souviens, commençais-je en jetant un regard en coin sur le panier. Je ne t'ai pas reconnu tout de suite à cause des fleurs.

Ne semblant pas avoir entendu ma remarque, elle orienta tout de suite la conversation.

— Est-ce que ma lettre t'a fait plaisir ?

Je balbutiai un peu précipitamment

— Oui. Oui, bien sûr.

Après un moment d'hésitation, elle m'expliqua qu'elle était vétérinaire, les raisons de son installation sur l'île et sa façon d'y vivre. Je ne remarquai pas tout de suite les rapides coups d'œil qu'elle jetait par moment sur ma table en rotin et sur l'échiquier qui trônait là. Puis il y eut la question fatidique. Elle voulut savoir si je désirais m'installer de façon pérenne à Moorea, ce qui était une façon détournée de demander si j'étais un sérieux candidat ou seulement de passage.

— Je reste ici, affirmai-je d'un ton ferme.

Voyant son sourire se détendre, je compris qu'elle allait rester elle aussi, au moins quelques minutes de plus. Elle s'assit devant l'échiquier et me défia d'un soulèvement de sourcils en recentrant les tours et les fous sur leur case respective. Après une attaque réglée de main de maître, ma cuisante défaite qui suivit et un sourire charmeur de circonstance, elle me demanda si elle pouvait poser les fruits dans ma cuisine, ce que je ne lui refusai pas, bien entendu.

Une minute plus tard, je l'entendis m'appeler.

— Umphrey, tu veux bien venir s'il te plaît ?

Allons bon. Que se passait-il ? J'écartai le rideau du salon et ce que j'eus l'agrément de voir à ce moment-là me fit l'effet d'une douche froide en plein désert.

Chapitre 8

Quelques jours plus tard, je retournai à mon cabinet à Tahiti pour mon troisième rendez-vous avec Teva Robinson. Je ne doute pas que lui aussi était impressionné par les phénomènes qui se produisaient lors des séances.

Celle-ci fut aussi déconcertante que les deux premières et, fort heureusement, tout aussi instructive. Je récitai mes phrases hypnotiques, celles qui apportent détente et calme et qui, par la magie de la suggestion, apaise l'esprit.

— Tu dors, répétai-je. Tes muscles se détendent. Ton esprit s'ouvre sur une autre réalité. Tu t'endors profondément pour te retrouver dans un état délassant et lénifiant. Tu ouvres les yeux et découvres un monde fantastique en toi.

Il plongea en état de transe en quelques secondes à peine et s'immergea dans son univers intérieur.

Au milieu de la jungle luxuriante et ombragée où il se retrouva soudain, il leva la tête vers les feuillages, où se répondaient oiseaux tropicaux et insectes stridulants. Il fit quelques pas droit devant lui, écarta trois fougères avant d'accéder à la vallée où se trouvait la cabane du sage à l'ombre des arbres à pain. Celui-ci semblait l'attendre sur la terrasse et l'accueillit avec un sourire complice et un signe de la main qui l'invitait à s'asseoir. Il posa le regard sur le jeune homme en affichant un air détaché et son énigmatique sourire à la fois apaisant et vivifiant. Pour lui apparemment, rien n'avait d'importance. Teva Robinson savait qu'il pouvait se confier car l'être, son mentor, avait la réponse à ses questions. Il ne se posa pas un instant la question de savoir qui était ce bonhomme. Il était là, aussi vrai que le monde réel, plus puissant encore car il bousculait quelque parcelle intérieure et insufflait en lui une indéfinissable énergie. Puis, se sentant à nouveau rassuré et détendu, le jeune Maori ouvrit la bouche.

— Je suis content de te revoir, annonça-t-il souriant.

— Moi aussi. Moi aussi. Je te l'assure.

Le jeune homme resta interloqué une brève seconde en l'entendant répéter ces deux phrases.

— Je viens vers toi car mes problèmes tournent en boucle dans ma tête comme un disque rayé. Je ne vois que le côté négatif des choses. Non seulement ça m'empêche de les régler mais en plus ça me fatigue.

— Je sais. Tu n'as pas à t'inquiéter. Tout va très bien se passer pour toi. Je vais te montrer comment gérer tes problèmes. Les questions que je vais te poser vont éclaircir tes pensées. Veux-tu y répondre ?

— Tu ne peux imaginer avec quel ravissement.

— Je le peux car je te connais par cœur. Voici ma première question ; as-tu remarqué que les gens réagissent de différentes manières à un événement précis ?

— Comment ça ?

— Souviens-toi d'un fait qui a affecté ta famille.

Lui revint un anodin souvenir d'enfance où son père trempait un morceau de pain dans un bol de café. Cela dégoûtait son frère alors que lui-même n'était pas affecté et qu'il voyait la scène de façon neutre.

— Oui, je me souviens.

— Avez-vous eu la même réaction ?

— Pas du tout.

— Cela montre que ce n'est pas l'événement lui-même qui produit une impression mais la façon dont tu perçois l'événement. Tu vois, tu peux relativiser l'importance de ce qui t'accable.

Le jeune homme prit le temps de réfléchir en inspirant brièvement.

— Je pensais à un événement sans importance. Mais comment gérer un événement difficile à vivre ?

— Tu ne peux sans doute pas le changer mais tu peux changer ta réaction face à cet événement.

— Je comprends bien mais comment ?

— En le considérant comme une opportunité. Si tu estimes être une victime, tu vas subir le problème et tu vas souffrir. Si tu vois l'obstacle comme une opportunité pour apprendre ou te développer, tu deviens l'auteur de ta vie.

Je me redressai sur mon fauteuil, aussi interloqué que Teva Robinson.

— L'auteur de ma vie ! Mais comment fait-on ça ?

— En modifiant tes croyances sur les plans spirituel, philosophique ou psychologique. Ne te laisse pas envahir par le désespoir, le sentiment d'impuissance ou la peur car ils conduisent à une situation pire encore. Il faut les contrôler. Évite de réagir de façon émotionnelle à une situation quelle qu'elle soit mais au contraire relativise, analyse le problème et vois le côté positif des choses. En faisant preuve de créativité et d'inventivité tu trouveras le moyen de t'en tirer.

— D'accord mais comment on fait ça ?

— Tu as remarqué que lorsque tu as le nez collé devant un souci, tu as du mal à trouver une solution. Détache-toi du problème en imaginant être une tierce personne. Donne-toi des conseils comme si tu étais cette personne extérieure.

— D'accord, mais concrètement.

— Concrètement, essaye de comparer la difficulté que tu rencontres à celle d'un aventurier qui joue sa vie plusieurs fois au cours de la journée. Jette un coup d'œil aux vidéos de Mike Bane, Sarah Forpuit ou d'autres aventuriers. Leur sang-froid et leur capacité à agir pourront sans doute t'inspirer. Ces gens ne sont pas plus forts que toi. Ils sont juste entraînés. Ils s'entraînent à ne pas paniquer et à avoir la bonne réaction. Tu comprends ? Si tu t'entraînes à relativiser l'importance d'un problème, tu deviendras bon dans ce domaine. Tu relativiseras ta tribulation en te disant que finalement, elle n'est pas si dramatique que cela, ta vie n'est pas en danger et il n'y a pas urgence. Tu pourras alors réagir calmement et te concentrer sur ce que tu peux changer.

— Ce que je peux changer ?

— Oui. Il est inutile de perdre du temps et de l'énergie à ruminer une situation que tu ne peux pas changer. Un joueur de football ne peut pas modifier les règles ou les décisions des arbitres mais il peut améliorer son jeu, renforcer son mental et développer sa créativité. Un adversaire n'est pas un ennemi. C'est un élément lui permettant de déployer ses talents et sa capacité à innover. De ton côté, tu ne peux pas changer le fonctionnement de l'administration, des lois ou de la politique mais tu peux t'entraîner à la résilience et utiliser les obstacles à ton avantage.

— Tout ça c'est bien beau mais j'ai besoin d'un exemple pour comprendre.

— Suppose que tu te sentes angoissé à cause d'un problème sur lequel tu n'as pas prise et que tu n'arrives pas à gérer cette anxiété. Concentre-toi sur une activité physique qui exige de respirer comme le yoga ou la musculation ou alors focalise-toi sur le jardinage, la réparation d'un objet, un travail manuel ou la lecture d'un livre. À toi de trouver l'activité qui te permettra de te calmer et de mieux contrôler tes émotions.

— Et lorsque j'ai une crise d'asthme.

Elle revenait celle-là, son ennemie. Les sourcils de Teva Robinson se tordirent un instant sous l'émotion.

— L'asthme est une maladie potentiellement mortelle et handicapante. Elle n'est pas à prendre à la légère. Certains ont réussi à vaincre cette maladie en chantant et sont devenus chanteur grâce à elle.

— Chanter permet de faire passer une crise d'asthme ?

Je sentais que nous approchions de quelque chose, une idée qui allait le faire avancer dans sa quête.

— Et de *vaincre* la maladie, exactement, parce que chanter exige d'inspirer et d'expirer différemment. Les alvéoles situées dans la partie supérieure de tes poumons sont tellement stressées par la crise que parfois la cortisone n'a plus d'effet. Le sifflement angoissant de tes bronches ne fait que confirmer que tu es en danger. Pour réguler la crise comme pour chanter, il faut solliciter la partie basse des poumons.

— La respiration abdominale.

— Le problème et la solution se situent au même endroit. La respiration abdominale a de multiples effets bénéfiques. Elle apporte détente et bien-être en apaisant des zones potentiellement stressées comme le psoas, le colon ou les intestins grêles.

— Le psoas ? Qu'est-ce que c'est ?

— C'est un muscle qui s'insère sur le fémur d'une part et sur les cinq lombaires d'autre part. Il a pour particularité d'accumuler les toxines. Lorsqu'il est stressé, une tension s'installe au niveau des lombaires.

— Si ça se trouve, les douleurs lombaires sont dues à un psoas stressé.

— C'est souvent le cas. La respiration abdominale agit de façon subtile sur ton énergie vitale en réduisant le stress et le rythme cardiaque.

— Je ne savais pas.

— En plus de cela, le chant a la propriété de générer une oscillation délassante de ton organisme et c'est ton corps tout entier qui se met à vibrer. Ainsi, tu n'es plus concentré sur ta difficulté à expirer mais sur le son et de ce fait, la crise s'estompe. En te rendant compte des bénéfices apportés par le chant, tu prends plaisir à cette activité et tu développes des techniques vocales qui non seulement règlent ton problème de crise d'asthme mais qui en plus, te fait progresser dans le domaine musical. Tu n'es plus victime de la maladie. Tu en es le *maître* (le sage marqua l'accent sur ce dernier mot en plaçant l'index devant le nez) et tu comprends que c'est *toi* (il fixa le jeune homme durant quelques secondes) qui es aux manettes et qui es l'auteur de ta vie.

J'étais subjugué.

— C'est génial.

— De la même façon, certains écrivains disent avoir soigné des affections graves telle la spondylarthrite ankylosante en s'adonnant à l'écriture. En te focalisant sur une activité autre que ton problème, ce dernier prend moins de place et tu développes une compétence que tu n'aurais pas développé autrement. C'est de cette façon que tu transformes un obstacle en tremplin.

— Je peux transformer mon point faible en tremplin, apprécia le jeune homme d'un air pensif.

— Oui, tu peux transformer un obstacle en tremplin en considérant les adversités comme des chances et en ne renonçant jamais.

— C'est tout à fait intéressant, et si le problème est plus complexe.

— Si tu le poses par écrit, il devient plus simple.

— Comment on fait ça ?

— Dans un premier temps, prends une feuille de papier, trace un trait vertical séparant la feuille en deux. Sur la colonne de gauche, décris précisément le problème et sur la page de droite, détaille toutes les solutions qui te viennent à l'esprit. Cela fait, passe à l'action et applique les solutions. Voilà quelques éléments pour t'aider à gérer tes problèmes. C'était ta question, non ?

Teva Robinson prit le temps de synthétiser ce qu'il venait d'apprendre ; il pouvait relativiser l'importance de ce qui l'accablait et transformer un obstacle en tremplin car c'est lui qui était aux manettes de sa vie.

• • •

Il répondit enfin à son mentor.

— Oui. J'ai une autre difficulté en ce moment.

— On va la résoudre. Ne t'en fais pas.

— C'est que, je dois l'avouer, d'une certaine façon, (il hésita par crainte du jugement) j'ai peur des autres.

Le Maori baissa la tête comme s'il venait d'avouer un crime mais fait surprenant, il sembla en même temps s'être délesté d'une charge.

— Je te rassure. Tu n'es pas le seul. (Les épaules du jeune homme se détendirent.) La peur est le sentiment le plus courant dans la société. Les gens ont peur des autres, de manquer d'argent, d'être seul, de mourir et j'en passe. Tu as peur des femmes aussi. Le problème n'est pas que tu ne les comprends pas mais que tu as peur d'elles.

Teva Robinson sursauta de façon imperceptible. Il était au pied du mur.

— C'est vrai, réussit-il à balbutier.

— Maintenant, on va faire le lien entre ton manque de confiance et ta peur des autres.

— Oui. Tu peux faire quelque chose pour moi et me débarrasser de ça aussi ?

— Non. Toi, tu le peux. Tout d'abord, sache que les deux sont liés car la peur des autres entretient le manque de confiance en soi. Et inversement, si tu n'as plus peur des autres, tu prends davantage confiance en toi face aux gens et tu enclenches un processus rétablissant ta confiance en toi dans d'autres domaines. En craignant les autres, tu imagines et fait grandir des idées fausses du style on va t'agresser physiquement, tu n'es plus en sécurité ou on ne t'aime pas. La peur contrôle ton imagination de la même façon qu'un cornac contrôle et soumet un éléphant. Elle est comme un parasite. Elle absorbe ton énergie et ton temps. Sache cependant que tu deviens beaucoup plus fort lorsque tu contrôles ton imagination. Utilise-là à bon escient en concentrant ton attention sur des images et des idées positives. Concrètement, observe les moments où tu es aimé et où la vie œuvre pour toi.

— La vie œuvre pour moi, répéta le jeune homme d'un air songeur.

— Oui, prends chaque sourire, chaque mot gentil ou chaque rayon de soleil comme un cadeau et tu appréhenderas le monde d'une autre façon. Remercie la vie pour cela.

— Remercier la vie ?

— Oui, consacre une minute par jour à exprimer de la gratitude. Aie de la reconnaissance pour tes dons et tes talents.

— D'accord mais quel est le rapport entre la peur et la gratitude ?

— Comme le sentiment de victoire, la gratitude annihile la peur. C'est un antidote.

— Ça alors !

— Oui, car tu ne peux pas imaginer recevoir des cadeaux d'une entité supérieure, quel que soit le nom que tu lui donnes, et avoir peur en même temps. En exprimant de la gratitude, tu crées une connexion entre toi et cette énergie universelle et tu apportes une dimension spirituelle à ton existence.

— Je peux donner une dimension spirituelle à ma vie. Je trouve ça intéressant.

— En te sentant aidé, tu comprends que tu as de la valeur et que tu n'es pas seul. Le sentiment de solitude est terrible.

— À qui tu le dis ? On se sent désemparé et impuissant.

— Lorsque tu imagines quelqu'un à tes côtés, tu as plus de courage et de force mentale. Tu es plus dans l'action et moins dans le doute. Tu agis davantage et tu avances dans la vie. Observe les gens qui ont réalisé de grands projets. Ils font très souvent référence à Dieu. Ils disent que c'est Lui qui leur a donné cette mission et que c'est grâce à Lui qu'ils ont réussi.

— Et c'est vrai ?

— Peu importe. Ils en ont la ferme conviction. C'est de là qu'ils tirent leur force. C'est pour cela que la peur a si peu d'emprise sur eux et que leur estime de soi est si élevée. Remarque que les miracles ne surviennent pas tous les jours.

— C'est le moins que l'on puisse dire.

— Je veux dire que l'aide qui leur est apportée vient la plupart du temps de simples humains. C'est aussi ton cas. Essaye d'exprimer de la gratitude pour les cadeaux qu'on t'offre car cela atténue le sentiment de peur et renforce l'estime de soi.

— D'accord, mais la gratitude n'est qu'une pensée.

— Justement. La pensée crée la réalité. C'est ce qu'affirment les physiciens des particules et je voudrais que l'on approfondisse cette intéressante remarque.

— La pensée crée la réalité, répéta le jeune homme d'un air méditatif.

— Cela est dû à un fait majeur dont je voudrais que tu comprennes la portée.

— Lequel ?

Le sage se pencha en avant en plongeant son regard dans celui du jeune homme. Les bruits autour semblèrent s'assourdirent. Il n'entendit plus que sa voix. Celle-ci devint plus grave et plus imposante.

— Ton cerveau est un prédateur, affirma-t-il sur le ton de la confidence. Il agit tel un chasseur d'homme, un limier suivant une piste à la recherche de la proie que tu lui as désignée.

Le ton impressionna le jeune homme, qui souleva les sourcils comme si l'annonce eut été trop forte.

— Un prédateur ?

— Oui, mais comprends qu'il n'a pas de volonté propre. C'est un outil, un véhicule. Donne-lui un objectif à travers tes pensées, un seul. Il va calculer et affiner progressivement sa recherche jusqu'à ce qu'il trouve ce que tu lui as demandé de chercher (le sage marqua un temps d'arrêt comme pour donner plus d'effet à sa conclusion et ralentit légèrement son débit verbal) et il va en faire un élément du réel.

— Un élément du réel ?

L'homme s'adossa contre le dossier de son fauteuil, apparemment satisfaisait de son annonce. Teva Robinson laissa un soupir s'exhaler de ses lèvres.

— C'est de cette façon que fonctionne le cerveau. Un premier exemple pour t'en convaincre, reprit-il sur un ton plus neutre ; d'abord, tu n'es pas arrivé à Tahiti par hasard. Il a bien fallu que tu échafaudes des plans pour y arriver, que tu développes des idées pour déménager ici. L'envie et la volonté sont des pensées, tu es d'accord avec moi. Rien ne se fait sans une pensée préalable. Chaque meuble et chaque bâtiment sont l'expression concrète d'une pensée.

— Oui, c'est sûr.

— Un autre exemple. Attarde-toi sur ce qui se passe à l'école. Souviens-toi des différentes atmosphères que tu ressens en classe. Certaines sont agréables, d'autres détestables. Dis-moi ce qui crée cette ambiance en cours de physique.

— Je ne sais pas. Certains n'aiment pas cette matière ou le professeur, sans doute ou alors ils trouvent que c'est trop dur pour eux.

— D'autres sont persuadés qu'ils sont nuls en math ou que c'est trop difficile. D'autres encore n'ont pas de motivation ou d'ambition. Mais qu'est-ce qu'aimer, se sentir nul ou ne pas être motivé ?

Le jeune homme prit du temps pour réfléchir.

— Un état d'esprit.

— Oui. Des pensées. Dans son livre *réfléchissez et devenez riches*, Napoleon Hill affirmait que vous devenez ce à quoi vous pensez le plus. Un élève qui a de l'ambition n'a pas le même comportement qu'un autre qui pense être nul en math, qui "n'aime pas" le professeur ou qui a des complexes d'infériorité. La seule différence entre les deux est leur façon de penser et leurs croyances. Ces dernières conditionnent leurs actions et ce qu'ils obtiennent.

— Pour réussir à l'école, il vaut mieux contrôler ses pensées, alors.

— C'est exactement la conclusion à laquelle je voulais arriver. Tes pensées doivent être en accord avec tes objectifs. Si tu penses que l'anglais est hors de ta portée, tu ne comprendras jamais les anglophones. Pour mener à bien tes courses en montagne, tu ne t'es pas dit : « C'est trop dur, je n'y arriverai pas ». Tu as mis au contraire tout en œuvre pour réaliser ton projet, pour atteindre ton objectif.

— Oui, bien sûr.

— Maintenant, je voudrais que tu comprennes une chose importante. Il faut un objectif dans la vie. Si tu n'en as pas, tu es comme un bateau sans gouvernail (Teva Robinson porta ses doigts à son menton tandis que son regard devint plus perçant) et tu vas dériver au gré du vent et des marées. Concrètement, tu vas te laisser influencer par tel copain, telle publicité ou tel manipulateur et perdre un temps précieux. (le sage laissa Teva Robinson réfléchir) C'est pour cette raison que tu dois avoir une *vision* (il laissa quelques secondes s'égrener) de ce que tu veux être et obtenir.

Le jeune homme avala sa salive et releva le menton.

— Une vision, répéta-t-il à mi-voix en repensant aux défis qu'il avait relevés en haute montagne. Y a-t-il une méthode pour ça ?

— Je t'en suggère une. Trace trois colonnes sur une feuille de papier *(voir en annexe la fiche : vision de soi). Dans la première colonne, écris tes objectifs ; je veux être libre, en bonne santé, avoir de l'amour, du temps, suffisamment d'argent, etc... Dans la deuxième colonne écris les moyens pour atteindre ces objectifs ; je fais du yoga tous les jours, je réfléchis avant d'agir, je m'entraîne à être un peu plus rigoureux, etc ... Dans la troisième, indique ce qui est incompatible avec tes objectifs ; l'alcool, les drogues, les jeux vidéo et autres addictions, perdre du temps avec des gens toxiques, regarder la télévision, te laisser manipuler, etc ...

— J'aurais ainsi une image de ce que je veux, de ce que je dois faire et ne pas faire.

— Exactement, insista le sage en agitant la main ouverte près de sa tempe. Et c'est toi qui auras décidé de ce que tu veux faire. Prends ton temps pour compléter cette fiche et observe l'impact qu'elle a sur tes actions, tes réflexions et ta façon de penser. En faisant cela, tu prêtes attention aux écueils sur ta route, tu saisis le gouvernail de ta vie (le sage se pencha à nouveau en avant en dévisageant le jeune homme et en prenant sa voix de stentor) et je te le répète, tu deviens l'auteur de ton existence.

— Je vois, balbutia un Teva Robinson soufflé par la force des mots.

— Pour revenir à la métaphore de l'école, ce sont les pensées qui créent l'atmosphère dans une mini-société telle qu'une salle de classe. C'est la même chose au niveau d'un pays ou de la société dans son ensemble. On peut paralyser l'économie du monde entier et créer un chômage sans précédent en véhiculant une pensée toute simple.

Teva Robinson anticipa la conclusion de son vis-à-vis.

— La peur.

— Vous en avez eu une démonstration absolument flagrante récemment.

— Oui, c'est sûr.

— Cette histoire de virus en 2020 a été éloquente. La peur a paralysé l'économie et accaparé les pensées du monde entier. Les gens se sont cloîtrés chez eux, paralysés par la frousse d'être contaminés.

— C'est vrai.

— Si tu penses en termes de peur, tu crées de la peur autour de toi. Si tu répètes à longueur de journée aux gens qu'ils vont mourir, ils vont trembler, tu ne peux pas le nier.

— Non. Là, tu marques un point.

— Je te remercie. Tu as compris qu'il ne fallait surtout pas écouter les autres pendant cet épisode. Tu es allé te promener sur la montagne de la Sainte-Victoire à Aix-en-Provence. Ce n'était pas agréable là-haut ?

— Si. Il n'y avait personne. L'atmosphère était particulière, comme irréelle. On voyait la mer par temps calme, ce qui n'était pas arrivé depuis des décennies. C'était super plaisant.

— Tu vois, pour certains, ce virus a été une catastrophe, pour d'autres, il a provoqué des opportunités et des moments exceptionnels. Cela dépend de tes pensées. Soit tu te focalises sur ce que les autres disent être la réalité, soit tu crées ta propre réalité par tes pensées et donc tes actions. Il est un fait important ; si tu ne contrôles pas tes pensées, d'autres le feront à ta place, à tes dépends et dans leur intérêt.

— J'en connais des manipulateurs, renchérit Teva Robinson.

Le sage marqua un temps.

— ... Bien ! s'exclama-t-il ne voulant pas s'étendre sur ce sujet. Tout ça pour abonder dans le sens des physiciens des particules. La réalité est créée par des pensées.

— D'accord. En parlant de pensées, tu disais que l'on peut contrôler sa peur, comment fait-on ?

— Tout d'abord, prends conscience du fait que la plupart de vos peurs ne sont pas fondées. Vous êtes souvent effrayés par des événements hypothétiques qui ne se produiront finalement pas.

— Bon, c'est vrai.

— Pour contrôler tes peurs, tu disposes des deux outils que je t'ai indiqué.

— La gratitude et le sentiment de victoire, enchaîna l'attentif jeune Maori.

— Tu as aussi ton imagination.

— C'est ce que tu disais tout à l'heure. L'imagination anéantit la peur.

— Cela dépend de la façon dont tu t'en sers. On va tout de suite diminuer ton niveau de crainte en exploitant ta capacité à visualiser. Je voudrais que tu te figures être un champion de karaté, d'accord ?

— D'accord. Ça semble cool.

— Imagine être dans une grande salle avec du monde autour. Vois-tu cela ?

— Je crois, oui.

— Bien. Comment te sens-tu ?

Le jeune homme prit son temps pour visualiser la scène. D'en haut, comme s'il se situait sur une galerie à l'étage, il prêta attention à une foule formées de plusieurs petits groupes. Chaque convive avait un verre à la main. Certains avaient le verbe animé, d'autres écoutaient distraitement les bavards, d'autres encore observaient leur entourage. Le jeune karatéka, quant à lui, était au beau milieu de la scène en compagnie de deux ou trois personnes.

— Je me tiens la tête droite, les muscles détendus. La sensation est agréable. Je suis calme et sûr de moi.

— Décris-toi physiquement.

— J'ai les épaules musclées et une démarche souple.

— Comment es-tu habillé ?

— Je porte une belle chemise, un pantalon en flanelle, des chaussures de ville et une cravate.

— Comment les autres te regardent-ils ? Ils savent que tu es champion de karaté puisqu'ils t'ont vu à la télévision.

— Quelques-uns ont les yeux tournés vers moi tout en se tenant à distance. Un gros costaud s'approche avec le sourire et un peu d'admiration dans le regard.

— Comment les femmes te regardent-elles ?

— Avec discrétion et respect. Je les vois réagir du haut de la galerie.

— Crains-tu d'être attaqué ?

— Pas du tout. Je ne représente pas de danger pour les autres mais ils comprennent qu'ils n'ont pas intérêt à me chercher des noises.

— Figure-toi que tu viens de décrire la personne que tu voudrais être. Maintenant, imagine que tu es fragile, mal dans ta peau et que tout t'effraie. Tu es dans la même salle.

— J'ai les épaules voûtées. J'essaie d'être le plus discret possible et on me bouscule comme si je n'existais pas. Le gros costaud me regarde méchamment et m'oblige à baisser les yeux. C'est très déplaisant. Ça te dérange si je reviens dans la peau du karatéka ?

— Non. Reviens. Regarde-toi bouger. Observe la réaction des gens autour de toi. Tu parles calmement et sur un ton assuré sans avoir besoin de parader.

— Je me sens tout de suite mieux. C'est cool la visualisation, constata le jeune Maori en soupirant d'aise et en étudiant pendant de longues minutes son karatéka d'avatar.

— Maintenant, il faut consolider cette visualisation par une action. Puisque te sentir plus en confiance et moins craintif est agréable, je voudrais que tu imites ce personnage ; sa façon de s'exprimer, de se comporter et de penser. Ensuite, tu vas t'inscrire dans un club de jujitsu ou de self-défense, par exemple. Tu vas renforcer le sentiment que te procure cette visualisation et en faire un élément du réel. Tu comprends ? Le fait de savoir parer une agression ne te rendra pas plus violent. Au contraire, tu seras plus serein, plus sûr de toi et plus souriant. Et surtout ton niveau de peur va chuter de façon significative et les bienfaits tomberont en cascade. Finalement, un infime détail, le fait de visualiser le karatéka, aura eu des répercutions inattendues.

Le jeune homme acquiesça d'un mouvement de tête.

— Pour conclure ton idée, il faut consolider une pensée par une action.

— C'est ça. Une action adaptée. L'action va te permettre d'obtenir des résultats. Les progrès qui suivront renforceront ta confiance en soi, c'est à dire ta façon de penser et cette dernière va te pousser à davantage d'actions. Pensées, actions et résultats sont les trois piliers pour progresser. Tu auras ainsi lancé la machine et créé un cercle vertueux.

— Je devrais visualiser plus souvent, tu es en train de me dire.

— Oui. Le fait de visualiser le karatéka a modifié ta façon de penser parce que le cerveau ne fait pas la différence entre ce qui est réel et ce qui ne l'est pas, entre un souvenir que tu as inventé et le souvenir d'une action qui s'est réellement produite. Ton cerveau encode tes visualisations comme étant de vrais souvenirs.

— Si je comprends bien, le fait de visualiser change le système de filtrage, le Système d'Activation Réticulaire, et mon inconscient va se concentrer sur les éléments que j'ai choisis.

— Oui, exactement. Concentre-toi sur tes objectifs, sur ce que tu recherches et sur ce que tu veux. Garde bien à l'esprit que ton cerveau agit comme un prédateur. Montre-lui des images de ce que tu veux obtenir et il va se mettre en quête jusqu'à ce qu'il trouve.

— Je vois.

— En parlant d'images, je voudrais mettre l'accent sur ce qui se passe pendant ton sommeil puisque le rêve nocturne est une visualisation. Tu ne vas pas me contredire.

Teva Robinson pensa à ses rêves récurrents en haute montagne avec Naelys.

— Loin de moi l'idée. Une visualisation non-volontaire et incontrôlée.

— Hum. Tu vas voir. Quel effet a produit sur toi la présence de cette femme inconnue dans ton dernier rêve ?

Naelys n'était pas la seule personne bienveillante à apparaître. La dernière en date était une femme, dont il tut la portée érotique.

— En me réveillant, je ne ressentais plus de solitude c'est vrai et j'étais mieux dans mes baskets. Ma journée m'est apparue plus rayonnante et excitante.

Le sage le dévisagea d'un air entendu.

— C'est parce que la visualisation nocturne, le rêve, a un impact sur ta vie quotidienne et qu'il influe sur ta santé psychologique et mentale. Il n'est pas seulement là pour meubler tes nuits. Il a une fonction propre. Au passage, connais-tu celle de ton organisme ?

— L'homéostasie ?

— C'est ça. Il recherche constamment ton équilibre au niveau physiologique en stabilisant ta pression artérielle, la température de ton corps et un million d'autres éléments. Il en est de même pour le rêve, qui a la fonction réparatrice que l'on connaît. À ce sujet, on a mené des expériences au cours desquelles on réveillait le dormeur chaque fois qu'il commençait à rêver. La conclusion de ces expériences est que si l'on t'empêche de rêver ...

— ... tu meurs. J'étais au courant.

— Surprenant, non ? En fait, les expériences n'ont pas été menées à terme sur l'homme car jugées trop dangereuses. Le rêve a aussi une fonction cognitive et heuristique. Il ouvre des perspectives et libère ton potentiel en te mettant en contact avec une source créatrice, ce qui explique que certains musiciens entendent des mélodies dans leurs rêves et en font des succès et que des inventeurs ou des chercheurs trouvent la solution à un problème par ce biais. Il a également un autre rôle moins connu.

— Ah bon. Lequel ?

— Celui d'explorer ce dont tu es capable. C'est un terrain d'entraînement, un simulateur qui te permet de répéter des scènes avant de les jouer dans la vraie vie.

Le vent tropical agita le feuillage des arbres à pain. Teva Robinson se laissa déconcentrer. Il détourna le regard un bref moment et observa la cime des cocotiers. Ses yeux se posèrent à nouveau sur le sage.

— Un terrain d'entraînement, répéta-t-il. Je vois.

— Pour toutes ces raisons, il faut apporter un soin tout particulier à ton sommeil.

Le jeune homme resta pensif un long moment. Si le rêve est un terrain d'entraînement, ne pourrait-on pas le contrôler à son avantage ? La réponse lui vint tout de suite à l'esprit. Lors de rêves lucides, on se rend compte que l'on est en train de rêver et que l'on peut laisser libre cours à ses désirs à ce moment-là. Le sage avait raison. Il peut s'agir d'un désir primaire dont la satisfaction fait, avouons-le, un bien fou. Mais il peut aussi s'agir d'une recherche plus approfondie. Le sujet était posé. Peut-on aller plus loin, c'est à dire peut-on poser un problème et le résoudre dans ses rêves ? Le jeune homme tressaillit à cette évocation.

— C'est intéressant. Comment puis-je les orienter ? Lança-t-il sous l'excitation.

— En écrivant ce que tu désires.

Teva Robinson resta interloqué un bref instant.

— Écrire oriente mes rêves ?

— Oui et cela renforce tes exercices diurnes de visualisation également car l'écriture est une pensée matérialisée. Rédige une histoire fictive où le personnage principal, auquel tu vas t'identifier, fait des rencontres amoureuses ou enrichissantes sur le plan artistique, professionnel ou intellectuel. Précise ce que tu fais avec cette femme, comment elle sourit, ce que vous dites et faites ensemble et comment tu te sens en sa présence. En écrivant un récit, tu visualises une autre réalité et tu lui donnes corps, si tu me permets l'expression.

— Oui, elle est sympa. Mais revenons à nos moutons, ajouta le jeune homme, satisfait de son trait d'humour. Y a-t-il un autre moyen pour agir sur ses rêves ?

— Il y en a un.

Étrangement, le sage marqua une pause.

— Et ... ?

— En respirant de la bonne manière.

— C'est à dire ?

— En sollicitant davantage ton diaphragme et tes muscles intercostaux. Il faut savoir que l'air entre dans tes poumons parce que ton diaphragme se tend et il sort lorsque ton diaphragme se détend. La plupart des gens respire avec la partie haute des poumons, c'est à dire qu'ils ne sollicitent pas suffisamment le diaphragme. On ne leur a pas appris à utiliser la zone abdominale. De ce fait, ils n'exploitent qu'une partie de leurs capacités pulmonaires et ils se privent des bienfaits de la respiration abdominale.

— Bon. Il faut avoir une respiration abdominale, alors. Mais quel est le rapport avec les rêves ?

— L'un des bénéfices de la respiration abdominale est qu'elle permet de détendre le corps et d'oxygéner le cerveau. Elle a un pouvoir délassant et reposant. Elle diminue les troubles de l'humeur telles que l'anxiété, le stress et ses effets négatifs sur le sommeil. Elle améliore donc la qualité de ton sommeil et tes rêves sont plus colorés et apaisés.

— Il faut faire une séance de respiration abdominale avant de s'endormir. C'est ça ?

— Oui. Ou au cours de la journée, pendant les entraînements sportifs ou en tout autre occasion. Mais revenons à notre discussion. Je voulais te montrer comment te fixer des objectifs.

— D'accord. J'ai pour objectif d'être heureux. Que se passe-t-il après ça ?

— Laisse ton inconscient agir.

— Laisser agir mon inconscient ?

— Oui, ton cerveau inconscient est un prédateur, je te le répète. Le fait de te détendre va augmenter ses capacités. Il va se mettre en quête de ce que tu lui ordonnes de faire. Il va transformer la matière première que tu lui donnes et en faire un élément du réel. C'est pour cela que tu dois orienter tes pensées.

— Mes croyances ont donc une influence sur ma vie.

Je ne pus m'empêcher de penser que je me serais évité bien des déboires étant plus jeune si on m'avait dit cela avant. Si seulement j'avais rencontré quelqu'un comme cet étrange bonhomme !

● ● ●

Teva Robinson continua son récit. Je buvais ses paroles.

— Alors, j'ai un troisième problème à te poser.

— Vas-y. Je suis sûr que l'on va trouver une solution.

— C'est le regard des autres. Des gens autour de moi essayent de me faire croire que j'ai tel défaut, que je suis ceci ou cela. Je dois avouer que je bataille pour ne pas laisser leurs pensées influencer ma vie. Comment puis-je m'en protéger et me libérer du pouvoir qu'ils ont sur moi ?

— Tu as raison. Les gens peuvent influencer ta vie en interférant sur tes pensées. Il s'agit d'une tentative de manipulation mentale. C'est une attitude fréquente chez pas mal de tes contemporains. Les gens essayent constamment de dévaloriser les autres en utilisant divers stratagèmes. Il est un fait important que je voudrais mettre en avant ici ; les autres ne sont pas des autres. Ce sont des miroirs. (le sage agita un instant l'index devant son nez pour accentuer l'importance de cette affirmation) C'est pour cela que tu t'identifies facilement aux héros d'un film. Les cinéastes usent et abusent de ce fait en créant des personnages principaux qui ressemblent au plus grand nombre d'entre vous ou auxquels vous voudriez ressembler. Mais ce phénomène peut être pervers car en agitant devant toi un miroir, une personne malveillante, et il y en a, te fait croire que tu es le personnage qu'elle invente. La parade est celle-ci ; cette personne exprime en fait ce qu'elle pense d'elle-même, et non pas de toi. Tu peux changer l'impact que cet événement a sur toi d'abord en évitant la fréquentation de ces gens toxiques. Si tu ne peux pas, explique-leur qu'ils voient leurs propres défauts en toi parce que tu n'es qu'un miroir. Renvoie-leur la balle ; ils t'accusent de leurs propres travers. Sache qu'ils n'ont pas de but qui les fasse grandir, sinon ils ne perdraient pas de temps à essayer de te diminuer. Ils essayent d'attirer l'attention et de rabaisser les autres pour se valoriser et se faire grandir.

— C'est de la jalousie, non ?

— Oui, la dévalorisation est l'arme des jaloux. Ils sont jaloux de tes qualités. Ce sont des menteurs. Ne les crois pas. Ils essayent de te dévaloriser et de faire chuter ton estime de soi.

— Faire chuter mon estime de soi. Tiens donc. Je comprends pourquoi l'autre type m'a jeté comme du poisson pourri.

— Il avait un objectif précis.

— Ah bon ? Lequel ?

— Celui de contrôler tes pensées et de te manipuler. Pour te soumettre ou t'abattre, on s'attaque à ton estime de soi. C'est très fréquent. On voit souvent cette attitude dans certaines grandes entreprises ou chez quelques prétendus psychologues. En faisant chuter ton estime de soi, le type t'a remis à la place qu'il t'avait assignée en assurant la pérennité de la sienne.

— Ça alors ! Il a fait cela sciemment. Il a essayé de détruire mon estime de soi pour asseoir son pouvoir et se donner plus d'importance.

— Pour te briser.

— C'est pas un peu minable, ça ?

— C'est une attitude très prisée par certains, je te le répète. Une fois qu'ils ont goûté à cette drogue, ils ne peuvent plus s'en passer.

— Dis-moi une chose ; comment se débarrasser des pensées négatives qu'il a instillées dans mon cerveau.

— Il existe plusieurs techniques. Si tu as affaire à un "petit chef", dis-lui simplement que tu es au courant. Tu sais qu'il essaye de faire baisser ton estime de soi afin de te manipuler à sa guise. Une fois qu'il est démasqué et qu'il sait qu'on est au courant de son petit jeu, il perd un peu de son aplomb et de son pouvoir. Tu lui montres également que tu es intelligent, ce qui va le pousser inconsciemment à te respecter davantage.

— C'est intéressant. Pourquoi est-ce qu'on ne m'a jamais dit ça avant ?

— Quand tu rencontres de nouvelles personnes, essaye de repérer leur psychologie. Observe du coin de l'œil les manipulateurs et ceux qui attendent la première occasion pour te dévaloriser. Redresse les épaules. Méfie-toi. Certains sont malins et ils se font passer pour ce qu'ils ne sont pas.

— Merci pour le tuyau. Je me tiendrai sur mes gardes.

— Tu peux également décider d'un geste qui va être associé à la destruction d'une pensée négative, par exemple en faisant le geste de saisir l'idée se trouvant au-dessus de ta tête et de la jeter par la fenêtre ou dans les toilettes. Tu peux aussi imaginer ton type toxique avec un nez de clown ou réduire mentalement son image jusqu'à ce qu'elle devienne minuscule avec une voix ridiculement faible ou aiguë.

— Un exercice d'imagination, en fait.

— Oui. Ensuite remplace tout de suite l'idée négative par l'image d'une situation valorisante, un moment où tu as remporté une victoire, un lieu agréable où tu te sens bien ou une musique apaisante.

— Une pensée positive, quoi.

— C'est ça. Ensuite, agis. Chante, fais un jogging, parle à quelqu'un de choses et d'autres ...

— ... ou éventuellement du type qui m'a posé problème.

— Bien sûr. Ensuite, focalise-toi sur tes objectifs. Agis. Sois créatif. Tu pourras ainsi annihiler le pouvoir de dévalorisation des gens toxiques et des manipulateurs.

— Me focaliser sur mes objectifs.

— Oui. On a assez parlé des manipulateurs. On va maintenant voir comment te focaliser sur tes objectifs, justement. Ce sera plus intéressant. Tu es prêt ?

— Oui.

Teva Robinson se redressa sur son siège. Le bois de la terrasse craqua. Une volée d'hirondelles de Tahiti s'enfuit à tire d'aile profitant d'un sursaut de la brise du nord-est. Un merle des Moluques égaya l'atmosphère d'un trille musical auquel un autre répondit au loin. On entendit le vol d'un moucheron.

— Lorsque tu te concentres sur ton but, il faut des conditions de travail favorables. Évite d'être interrompu. Retire-toi dans un endroit calme et loin de toute distraction. Quand tu te focalises sur une compétence, le chemin neuronal dans ton cerveau se renforce et plus tu pratiques ta compétence, plus il se renforce.

— Éviter d'être perturbé dans mon travail. D'accord.

— Même mécanisme lorsque tu viens d'apprendre une leçon. Pour mémoriser une leçon, il faut que tu t'allonges à l'écart des bruits extérieurs et sans te laisser distraire. Sais-tu pourquoi ?

— Je ne m'allonge jamais après un cours.

— Il se passe pourtant un processus très intéressant. Ton cerveau rumine ce qu'il vient d'apprendre sans que tu fasses le moindre effort.

— Sans effort ?

— Oui, réviser une leçon se fait sans effort parce que, comme je te l'ai expliqué et répété, ton cerveau est un limier, un chasseur infatigable et il fait de tes pensées, conscientes ou pas, des éléments du réel. Lorsque tu t'allonges après une leçon, ton cerveau se met à ruminer ce qu'il vient d'apprendre. C'est de cette façon qu'il mémorise le mieux. Le même phénomène se produit lorsque tu as une activité créatrice. Les eurêka surviennent souvent en dehors de l'activité elle-même, sous la douche ou au saut du lit, parce que, en tant que prédateur, le cerveau continue à chercher dans la direction que tu lui as indiquée, même et surtout quand tu es au repos.

— C'est tout à fait intéressant. Mon cerveau continue à chercher ce que je lui ai indiqué sans que je me casse la tête. C'est génial. As-tu d'autres idées pour me permettre de mieux contrôler les pensées négatives ?

— En étant créatif. En te concentrant sur un objet que tu construis, une chanson que tu composes ou un livre que tu écris, les pensées parasites disparaissent.

— Ou une peinture que je peins.

— En peignant, tu focalises tes pensées sur l'instant présent à travers un objet intéressant que tu as toi-même choisi. C'est toi qui fais le choix de voir ce que tu veux voir. C'est toi qui décides.

— Je ne peux avoir le contrôle de mes pensées qu'en étant créatif ?

— Non. Tu peux méditer, te concentrer sur ta respiration, le battement de ton cœur, l'énergie qui se manifeste dans le creux de tes mains lorsque tu les rapproches l'une de l'autre, les sons autour de toi, les ombres dans les nuages, un projet qui te tient à cœur, des paroles apaisantes pour une personne chère.

— Comment se fait-il que je sois incapable de penser à ce genre de solution quand je stresse ?

— Ta capacité à créer a été étouffée par la société. As-tu beaucoup développé ton imagination à l'école ?

— Non, c'est sûr. C'est pas le lieu.

— Tu es capable d'explorer ton univers intérieur et de faire surgir des idées originales. Le premier étonné de tes réalisations sera toi-même. Là-dedans (le sage faisait rebondir son index sur le front), l'espace est plus vaste que ce que tu imagines.

— Le problème est que je ne suis pas créatif.

Teva Robinson entendit une voix, lointaine au départ, puis de plus en plus distincte.

— ... te réveiller lentement pendant que je compte à rebours de dix à un.

La mienne.

Le temps se mit à accélérer tout d'un coup. Les secondes étaient comptées.

— Non, le problème est que tu crois ne pas être créatif. Tu l'es, je te l'assure et pour une raison très importante que tu vas découvrir tout seul.

— Quelle est cette raison ?

— Si je te la révélais maintenant, tu ne me croirais pas. Tu trouveras seul. Sache une chose ; il est crucial que tu prennes conscience de tes qualités, de tes particularités et de tes talents.

— Comment on fait ça ? Je t'en prie. Dis-moi vite.

— Il faut d'abord déterminer ton type d'intelligence. Il est facile de se documenter sur les intelligences multiples ou leur inventeur Howard Gardner.

— Je vais chercher sur internet pour connaître le mien, d'accord.

— Quatre-vingt pour cent des gens sont neuro-typiques, c'est à dire que leur pensée est linéaire, séquentielle, logique et analytique. Nombre d'entre eux sont professeurs, juges ou avocats.

— La plus grande partie de notre société, je vois. Et les vingt pour cent restants ? Et moi ?

— Ce sont des neuro-atypiques. Ils ont besoin de projets multiples et de défis. Ils disposent d'une vision intuitive et sont souvent innovateurs tels Steve Jobs ou Thomas Edison et peuvent donc être utiles pour la société. Certains sont des artistes. Ce qui les pousse en avant est le besoin de créer. C'est ce qu'ils recherchent dans une discussion, une activité, dans une relation amicale ou amoureuse et c'est souvent pour cette raison qu'ils sont en décalage par rapport aux autres.

— Oui, ça me parle.

— Les multipotentiels eux, ont plusieurs talents et une pensée en arborescence. Ils ont une vision globale à long terme mais du mal à se concentrer. Malheureusement, ou pas d'ailleurs, ce sont des éponges à émotions et, parce qu'ils sont différents et qu'ils pensent autrement, ils sont souvent mis à l'index.

— Je comprends. J'appartiens à quelle catégorie, moi ?

— Tu as plusieurs intelligences comme la plupart des gens. Il nous reste peu de temps. Laisse-moi insister sur un fait important. Il faut absolument aider vos enfants à découvrir leurs intelligences. Les parents peuvent comprendre cela.

— On ne nous a jamais appris ça à l'école.

— Tu vois, on t'a fait croire que tu étais nul en mathématiques ou en géographie, dans tel ou tel autre domaine mais à aucun moment on ne t'a montré ta nature profonde.

— ... sept, six ...

Le temps n'en finissait pas d'accélérer. Le sage connaissait son identité et ce qu'il était venu faire ici ? Vite.

— Ma nature profonde ? Toi, tu connais tout de moi, mon type d'intelligence, si je suis neuro-typique ou pas, ma nature profonde. Qui suis-je ?

— ... cinq ...

Le sage accéléra son débit verbal.

— Tu es un créateur. Tu es venu ici pour ça. Pour créer ta propre réalité et prendre le contrôle de tes pensées.

— ... quatre ...

Il avait besoin de plus d'informations. Comment pouvait-il exploiter son potentiel ? Qui était Naelys ? Quelle voie devait-il suivre ?

— ... trois, réveille-toi lentement.

— Non, pas maintenant. Dis-moi ce que je dois faire !

— ... deux ...

Il paniquait. Une question inopinée surgit brutalement sans qu'il en soit surpris. Il se mit à crier.

— Quel est mon nom ? Quel est mon nom ?

— ... un ...

La vision dans sa tête s'effaça avant qu'il n'ait pu entendre les mots. Il eu beau se concentrer, la réponse aux questions qu'il se posait depuis des années resta inaudible.

— Non !

— ... zéro.

Quelle frustration n'avais-je pas provoquée en le libérant de sa transe ! Il avait le front soucieux et le regard perdu. Je venais d'interrompre une conversation où il était sur le point de comprendre ce qu'il était.

Rares étaient les patients réussissant à communiquer avec leur inconscient, quel que soit le nom que l'on donne à ce quelque chose en nous. Plus rares encore ceux qui obtenaient des informations à travers lui. Pour Teva Robinson, l'expérience fut unique. Il est un détail que je compris plus tard ; cette séance d'hypnose avait posé des questions importantes auxquelles Teva Robinson n'aura de cesse de trouver une réponse.

Quant à moi, je restai abasourdi par le récit qu'il venait de terminer.

• • •

J'attendis avec impatience son coup de téléphone pour un autre rendez-vous mais les jours passèrent et j'eus la désagréable impression qu'il m'en voulait et qu'il ne me pardonnerait pas ma gaffe. Ainsi, je n'eus plus aucune nouvelle de lui pendant des mois. Malgré cela, je ne doutai pas que je le reverrais un jour.

Je me posai par moment et appréciai en silence les bénéfices de sa rencontre. J'avais appris une foultitude de choses ; il faut se traiter avec respect comme on traiterait un ami. On ne dit pas à un ami qu'il est mauvais mais on le rassure. Face à l'échec, on l'aide à relativiser en reconnaissant qu'on est juste un être humain, qu'on ne fait jamais du cent pour cent et que prendre des risques implique des échecs et des erreurs. La plus grande défaite serait de ne rien tenter.

Je réfléchis aux informations importantes qu'il avait mis en lumière et fis des fiches pour chacune d'entre elles. Comment développer son potentiel sans effort particulier, être plus rigoureux, se focaliser sur ses passions et atteindre ses objectifs et tout ce que l'on ne risque pas d'apprendre à l'école.

Je mémorisais les règles de base ; faire un petit pas facile après l'autre ; décider de rituels et les observer de façon méthodique ; visualiser sa propre personne dans dix ans ; communiquer par écrit avec elle ; visualiser une rencontre ; faire des séances de respiration abdominale.

Puis, l'extraordinaire histoire de Teva Robinson fut méticuleusement classée quelque part dans ma mémoire. Ne restèrent que les enseignements du sage sur la colline. Une autre affaire accapara mon attention et me rappela que les moments inoubliables peuvent arriver. Mais écoutez plutôt.

Chapitre 9

Un clin d'œil de la chance me surprit en effet un soir devant mon fare dans la baie de Pao Pao à Moorea. Lorsque j'arrivai, la nuit était tombée sur le lagon. Mon œil fut irrésistiblement attiré vers la pleine lune qui s'élevait au zénith, les palmes de cocotiers qu'elle faisait miroiter et les ombres qu'elle imprimait sur le sol. Je ne saurais dire par quel prodige ce spectacle réveilla en moi d'insaisissables souvenirs et remua quelque émotion enfouie.

Mes yeux papillotèrent. Revenant à moi, j'appuyai sur l'interrupteur. La lumière fendit l'obscurité. Je ne vis pas tout de suite l'enveloppe posée sur la table de la terrasse. Lorsqu'elle apparut dans mon champ de vision, je détournai la tête croyant à un trouble de mon esprit pour, l'instant d'après, dans un rapide mouvement oculaire et me rendant compte qu'il n'en était rien, la fixer pendant de longues secondes. Je réussis à refréner un pas en avant et retint mon geste sachant que l'auteur en était une femme, ce qui suffisait à rassurer mon ego.

Préférant faire durer le plaisir, je posai mes affaires dans le salon en ignorant la baie de PaoPao, invisible derrière le mur nocturne. Affamé, j'ouvris le réfrigérateur en quête de nourriture et mis distraitement des restes de pâtes à réchauffer sur la poêle, que je rinçai préalablement pour la débarrasser de quelques hardies fourmis.

Puis, n'y tenant plus, et lassé de mes constantes œillades sur la missive, je m'approchai de la table et à la lumière de la lampe, découvris une écriture fine sur l'enveloppe que je décachetai immédiatement.

Je pensai qu'il s'agissait de Manavaimama... (j'arriverai à tout mémoriser), la vétérinaire auteure de ma première lettre d'amour, qui me fit l'honneur de sa visite il y a quelques jours. Mais il n'en était rien. Cette lettre-là était signée Moana. Si mon cerveau commençait à s'emmêler ce n'était pas dû à la longueur de son prénom puisqu'il ne dépassait pas le nombre fatidique des cinq lettres. Il fallait que j'y remette à nouveau un peu d'ordre. Moana était la jeune femme à la taille fine qui était venue deux ou trois fois partager son repas avec moi à midi, le panier chargé de son met préféré apparemment, un poisson cru au lait coco. Je n'avais pas sitôt fini de lire la lettre, qu'une ombre apparut sur la plage. Elle ignora les bananiers devant ma terrasse, se détacha de l'obscurité puis s'arrêta devant la porte coulissante en pleine lumière à trois mètres de moi. C'était Moana. Elle était pieds nus, vêtue d'un simple pareo au travers duquel on devinait l'essentiel. Cet endroit était assurément un aimant à vahinés.

— J'ai apporté un gâteau de bananes pour nous deux, annonça-t-elle sans autre préambule qu'un déhanchement à ravir le plus saint homme et après avoir posé le dessert sur la table basse de la terrasse.

J'étais désarmé.

— Tous ... tous les deux ? Bégayais-je.

Pour toute réponse, elle fit quelques pas dans ma direction en me gratifiant d'un sourire à faire fondre la glace des congélateurs de Moorea, me prit la main et m'entraîna vers la salle de bain.

Devant la porte de la chambre, elle se tourna vers moi en me dévisageant. Ses dents blanches alliées à ses fossettes étaient un poème à elles-seules et si ce n'était une promesse, cela en avait le parfum et la douceur. L'histoire ne dira pas si son amusement était dû à mon accent américain, mon bégaiement ou la candeur de mes yeux bleus. Elle m'entraîna vers la douche. Inquiet au départ de la propreté des lieux, je me souvins que j'eus la bonne idée la veille de faire le ménage ici et là, car quelqu'un allait emprunter ma salle de bain, avais-je espéré. J'étais fier de moi. J'allais passer pour une fée du logis sur radio cocotier. J'avais fait le lit aussi, ce qui n'était pas dans mes habitudes mais les leçons que je tirais du récit de Teva Robinson me poussaient à plus de rigueur.

Dans la salle de bain, elle laissa tomber son paréo sur le carrelage, que j'avais astiqué de la même façon. Franchement, j'avais l'impression d'avoir tout prévu. Enfin presque.

Imaginez dans quel état je me retrouvai soudain. Elle n'avait rien dessous. Ses seins au galbe parfait étaient gonflés et arrogants. Ils gigotèrent comme deux gamins espiègles quand elle fit un geste vers moi. Totalement hypnotisé, je ne les quittai pas des yeux.

Avant que je ne comprenne ce qu'elle allait faire du pauvre homme que j'étais, les bras autour de mon cou, elle se mit sur la pointe des pieds et approcha lentement ses lèvres charnues des miennes. Il dut y avoir un éclair dehors au moment même où elle les fit se toucher mais je ne me souviens pas avoir entendu le coup de tonnerre. Elle entrouvrit la bouche et ce fut le plus savoureux baiser que l'on m'ait fait goûter.

Tout d'un coup, au moment où je m'y attendais le moins, une odeur de brûlé se glissa jusqu'à nos narines délicates. Moana détacha sa bouche de la mienne en m'interrogeant du regard. Je l'abandonnai là et, tandis qu'elle pliait les genoux et ramassait son paréo, je me ruai vers la cuisine pour découvrir avec horreur que les pâtes avaient pris feu. C'était bien de moi. Au moment où il ne fallait pas.

Alors que je tentais d'éteindre l'incendie avec mon adresse habituelle, en donnant des coups de torchon sur la poêle, la vahiné, déjà au fait de mes étourderies me jeta un œil mi affolé, mi amusé. Le torchon que j'avais finalement lancé sur la poêle s'était enflammé et le feu commençait à courtiser le mur en palmes de cocotier. Moana ouvrit la bouche d'effroi. Elle ne s'amusait plus. Fort heureusement, plus habile que moi, elle coupa le gaz et posa un autre linge sur le brasier et nous fumes, si j'ose l'expression, saufs pour une belle peur.

Elle se tourna vers moi.

— Pour ce qui s'est passé tout à l'heure dans ta salle de bain, déclara-t-elle avec un joli sourire et sans se laisser impressionner par l'événement, je ne voudrais pas que tu te fasses des idées.

Je restai sans voix, bouche bée et encore le cœur battant à cause de l'incendie évité, mais avant que je ne profère un son, elle se colla à nouveau contre moi, la poitrine et les hanches à nouveau ceintes de ce simple pareo qui lui servait de vêtement.

Pour ne pas trop me compromettre, je ne donnerais pas plus de précision sur ce qui aurait pu se passer. Disons que Moana serait rentrée chez elle et je me serais inquiété plus tard de savoir si ma réputation de gaffeur avait empiré ou pas.

— Je te rappelle que c'est toi qui m'as embrassé, repris-je tout d'un coup dans un moment de lucidité.

— D'accord mais je n'étais pas seule, argumenta la fine mouche en se hissant sur la pointe des pieds et en rapprochant sa charmante bouche de la mienne.

Au moment où l'éclair allait à nouveau zébrer le ciel, nous nous tournâmes au même moment, elle sur la droite et moi sur la gauche, alertés par un bruit sec derrière les bananiers. Une large feuille s'anima pour laisser passer une personne à laquelle je ne m'attendais pas. J'ouvris des yeux ébahis. Moana baissa les siens et leva une main sur son décolleté.

— Iaorana Umphrey.

— Oh, lançai-je avec un sourire gêné, détachant les mains des hanches de Moana.

La soirée venait de prendre un nouveau tournant.

Chapitre 10

C'était Maimiti, ma voisine.

Alors, récapitulons ; Moana apportait le poisson cru et venait de provoquer un orage émotionnel que je n'étais pas près d'oublier ; Poe, c'était le ménage ; Manavai...mamana...eura (je compte les syllabes. Tout y est), l'écrivaine de ma première lettre d'amour et Maimiti donc, ma jeune voisine. C'était bon. Je n'avais pas encore perdu la tête.

Au courant de mes talents d'hypnothérapeute et de mon désir d'offrir des solutions aux problèmes classiques mais sérieux qui rongeaient les jeunes polynésiens et en particulier les filles, elle était venue me voir une fois la semaine dernière. Face à ce qu'elle révéla ce jour-là, je ne pus la rejeter et le bungalow qui jouxtait mon fare à deux pas de la plage et que je réservais aux amis, l'accueillit pour sa première séance d'hypnose.

— Comment ça va ?

— Ça va, répondit-elle sans s'étendre davantage.

J'essayai de détendre l'atmosphère en lui proposant des papillotes qui présageaient, un peu en avance il est vrai, l'arrivée des fêtes de Noël et trônaient crânement avec quelques aguichantes survivantes sur la table basse. Elle en prit une. Je l'imitai. Ainsi nos papilles gustatives s'activèrent-elles le temps que Moana tourne les talons en direction de son sac. Je levai la tête, bien impuissant devant la situation qui ne cessait de s'envenimer.

— Que me vaut le plaisir de ta visite ? Demandais-je mal à l'aise et jetant un regard frustré à ma vahiné de dos.

— Tu veux bien m'hypnotiser comme la semaine dernière ?

L'hypnotiser ? Là ? maintenant ? J'étais sur le point de lui dire de repasser plus tard parce que j'étais en ... discussion et tendit une main vers Moana.

— Je pense que ...

— Je ne me sens pas très bien en ce moment, me coupa t-elle.

Peiné par ses yeux humides et conscient de son appel à l'aide, je baissai le bras. Le sac à main de Moana me frôla fièrement. Il était dit que mon inclination à l'abstinence serait sollicitée une nouvelle fois.

— D'accord, fis-je, vaincu. Viens, on va s'installer devant le bungalow.

Après avoir abandonné ses savates devant la terrasse, Maimiti s'installa sur le fauteuil en rotin deux places du bungalow à vingt mètres de mon faré et, tandis que s'émoussait avec lenteur et longueur l'émoi suscité par l'œil lascif de Moana, je commençai à réciter mes phrases hypnotiques.

La séance allait avoir sur Maimiti un impact qu'elle n'imaginait pas. J'allais lui indiquer une technique pour résoudre sa difficulté à communiquer. L'idée était d'avoir une vision d'elle-même et de faire une description de la personne qu'elle voudrait être en précisant les raisons de ce choix. Comment se voyait-elle dans dix ou quinze ans ? Quels bienfaits une telle description lui apporterait-elle ? On allait ensuite entamer une conversation par écrit avec cet autre soi-même. Cet exercice est efficace à plusieurs titres ; d'abord parce qu'il permet de faire sortir le stress accumulé à l'intérieur, ensuite d'entrer en contact avec une personne aimante, soi-même, valorisant ainsi l'estime de soi, et troisièmement de trouver une ou plusieurs solutions à ses problèmes.

Quant à moi, je me concentrai avec une facilité qui m'aurait surpris il y a quelques secondes seulement. Moana reviendrait.

— Cette séance d'hypnose va d'abord te permettre de te détendre puis de prendre davantage confiance en toi. (je soufflai lentement et ralentis mon débit verbal) Commence par fixer un point au plafond. Peu importe lequel. Essaye de le voir avec un regard doux comme si tu voulais te recueillir. Tu es sur le point de t'endormir. Tu es détendue. Prends une profonde inspiration en comptant jusqu'à cinq. Souffle lentement en comptant jusqu'à dix. Maintenant, imagine-toi dans quinze ans. Face à toi se tiennent deux femmes, âgées toutes les deux d'une trentaine d'années. Les vois-tu ? (Elle répondit par l'affirmative au bout d'une minute.) L'une affirme qu'elle n'a pas de chance dans la vie et que les autres ne lui apportent pas ce qu'ils devraient lui apporter. L'autre dit qu'elle n'est pas victime de ce qui lui arrive et qu'elle peut agir sur les événements de sa vie parce qu'elle en est la créatrice. Laquelle des deux es-tu ?

L'adolescente en état de transe prit un long moment avant de répondre. Le sujet était délicat mais connaissant son esprit combatif, je savais que je pouvais la provoquer.

Lors de notre dernière entrevue, nous avions longuement évoqué le fait que ce que nous vivons au quotidien est le résultat de nos pensées. Si je pense que je suis bon à rien, je vais être enclin à ne rien faire de mes journées. Si je crois que je suis mauvais en anglais, je serai incapable de communiquer avec un américain. Si j'accepte le fait que je suis capable de dessiner, je vais agir, faire des efforts, progresser dans ce domaine, réaliser des œuvres artistiques bluffantes et pourquoi pas, concevoir une bande dessinée ou un dessin animé. Qui le sait ? Il faut y mettre le temps, la persévérance étant l'arme de ceux qui réussissent. Si mes pensées créent ma réalité, cela signifie que je suis créateur de ma vie et de ce fait, c'est à moi de mettre tout en œuvre pour contrôler mes pensées et créer la vie que je désire.

— Tu dois prêter attention à tes pensées car elles influencent les événements de ta vie, lui avais-je affirmé. Tes plaintes provoquent l'apparition de ce que tu ne veux pas. Quand tu te sens victime, tu renforces les preuves montrant que tu es le jouet des autres. Quand tu te dis que la vie ne t'apporte pas ce que tu veux, les étalages sont dépourvus de ce que tu désires.

— Les gens me font peur. L'avenir me fait peur. Comment est-ce que je dois faire pour être heureuse ? M'avait-elle demandé.

— Observe les moments où la vie t'apporte un truc bénéfique, un sourire, un regard ou un mot tendre. Pense aux événements positifs qui arrivent dans ta vie. Tu habites sur l'une des plus belles îles du monde. Tu es jeune et intelligente. Crois-moi, c'est une richesse. On a tendance à noircir notre avenir en imaginant des événements négatifs. Mais je te rassure ; ces événements n'existent que dans notre imagination. Ils ne se produisent pas dans la réalité. Il faut contrôler ces pensées-là et les remplacer par des pensées positives.

— Ce n'est pas facile.

— Je ne te dis pas le contraire mais tu vas y arriver. On y arrive toujours. Cela exige de la rigueur et un entraînement régulier. J'ai une question à te poser. (Elle souleva les sourcils.) As-tu parfois envie de changer les autres, tes parents par exemple ? (Elle opina du chef.) C'est une perte de temps et d'énergie. En essayant de changer les autres, tu t'enfermes dans une logique qui n'a pas de sens. Focalise-toi sur ce que tu peux changer ; tes pensées.

Je lui préciserais plus tard que nos parents ne nous ont pas appris comment penser parce que les gens qui les ont éduqués, leurs parents, ne savaient pas. Maintenant, nous savons que notre façon de penser détermine ce que nous allons vivre. Il est donc primordial de contrôler nos pensées pour construire une vie qui nous comble. Il faut apprendre à maîtriser ce que l'on exprime et pense. En contrôlant nos pensées, il est possible de transformer chaque difficulté en tremplin et chaque défaite en victoire.

Elle était repartie dubitative.

La voilà à nouveau devant moi, sur mon fauteuil en rotin défraîchi et usé par de longues soirées polynésiennes. Le sourire léger qui apparut à la commissure de ses lèvres témoignait de la détente que lui procurait cet exercice et du plaisir qu'elle y prenait. Elle avait fait son choix. Vint le moment où elle ouvrit enfin la bouche.

— La deuxième. Celle qui comprend qu'elle est l'auteure de sa vie.

— Je voudrais que tu décrives tout de toi ; ton poids, ton port de tête, ton sourire ou ton absence de sourire, ton état d'esprit, le lieu où tu te trouves et où tu vis, ta situation maritale, si tu as des enfants.

— Je suis mince et musclée. Je fréquente une salle de Muai Thai une fois par semaine.

Je lui laissai un peu plus de temps avant d'intervenir.

— Décris ton port de tête.

— Je me tiens droite.

— Es-tu souriante ou fais-tu la tête ?

— Je suis souriante car je suis bien dans ma peau. C'est étonnant.

— Essaye de développer. Détends-toi. Je ne suis pas pressé.

L'adolescente se concentra à nouveau et passa de longues minutes à observer son avatar. Le sujet semblait l'accaparer.

Allongée, les yeux fermés et les bras le long du corps, elle jouait avec ses doigts.

— Je vois plutôt le verre à moitié plein. Je ne me plains pas beaucoup. C'est moi qui contrôle ma vie. C'est moi qui ai décidé d'habiter là et de faire ce métier.

— Où habites-tu ? Décris le lieu.

— À Tahiti. Je suis dans un endroit calme. Mon fare est en bord de lagon. Il y a des cocotiers autour de nous, des manguiers et d'autres arbres.

— Nous ?

— Un jeune homme m'accompagne.

— Quel est ton métier ?

— J'ai un diplôme en océanographie et je travaille au CERN. Nous sommes heureux tous les deux. J'ai confiance en l'avenir.

— Je compte à rebours de cinq à zéro, confiai-je lentement. Cinq. Quand je dirai zéro, tu te réveilleras. Quatre. Tu seras apaisée. Trois. Reposée. Deux. Un. Réveille-toi doucement. Zéro.

Elle sortit de sa transe, s'étira puis, pendant que les minutes s'étiraient pareilles à du chewing-gum, elle s'assit au bord du divan et soupira d'aise. Je lui laissai tout le temps nécessaire pour qu'elle revienne à elle. Un soupir à nouveau.

— Ouf, souffla-t-elle.

— Comment te sens-tu ?

— Bien.

— Maintenant, tu vas entamer une conversation par écrit avec ce toi-même, que tu viens de voir et qui a quinze ans de plus que toi.

— Hum.

— Qu'est-ce que tu lui dis ?

— Je vais y ...

Plongée dans ses pensées, elle ne finit pas sa phrase.

— Tu n'as rien à craindre ici. Tu vis un moment exceptionnel où tu peux parler librement avec une femme adulte et forte qui t'aime énormément, qui te connaît mieux que personne et qui sait comment t'en sortir. La fonction de cet exercice est de dévoiler ce qui est en toi. Je voudrais que tu décrives tes émotions. Tu n'écris pas pour quelqu'un d'autre mais pour révéler à toi-même quelque chose caché au fond de toi. D'accord ?

— OK.

— Tu as un bloc de papier sur le bureau. Appelle-moi quand tu as fini, OK ?

— OK, répéta-t-elle.

Je fis un pas vers le fare, laissant Maimiti seule sur la terrasse du bungalow, le menton tremblotant et les yeux embués. En me retournant, je la vis de profil, penchée en avant sur sa feuille de papier, reprenant le contrôle de ses émotions et s'essuyant la joue d'un revers de la main. C'était décidément une battante. Je ne pus m'empêcher de l'admirer.

Pendant un long moment, seules les vagues s'échouant avec langueur sur la plage répondirent au silence. En l'observant de mon fare, dialoguer avec elle-même comme on affronte ses démons, je savais qu'elle avait déjà gagné. Les démons sont comme l'argent ; de mauvais maîtres mais de bons esclaves. Inutile d'avoir peur d'eux ou de nier leur existence. Ce sont des adversaires qui nous poussent à l'excellence. L'élément intéressant est que l'on peut s'en faire des alliés et utiliser leurs redoutables pouvoirs à notre avantage.

Elle cessa finalement d'écrire et s'avachit sur le fauteuil. De loin, je vis des larmes scintiller sur sa joue. On devinait le long soupir d'une jeune fille courageuse qui, le sourire au bord des lèvres, venait de remporter une victoire.

Avec son accord, je retranscris ici son dialogue, n'enlevant qu'un détail qu'elle jugea trop personnel.

— J'ai besoin de toi, a-t-elle écrit.

— Tu vas t'en tirer, va. Ne t'en fais pas. Tu vois, on est aux Marquises où on fait des analyses pour le CERN. C'est cool. Tout va très bien se passer pour nous deux. Tiens bon. Tout cela est possible uniquement si tu tiens le coup. Ce n'est pas difficile. Je veux seulement que tu respires calmement et que tu aies confiance. Aie confiance.

— OK. Je vais essayer.

— Non. Tu vas réussir puisqu'on est là à se parler. Dis clairement ce qui ne va pas.

— Tu le sais ce qui ne va pas.

— Je le sais. Je te demande juste d'exprimer clairement le problème. Tu vas voir que des solutions existent.

— Si j'en parle à maman, elle va dire que je fais mon bébé.

— Écoute-moi. C'est ce que tu imagines. Ce n'est pas la réalité. Va la voir et dis-lui de s'asseoir à la table de la cuisine et demande-lui s'il est possible de discuter.

— Elle va dire non.

Maimiti était prisonnière de ses propres pensées limitantes et s'était persuadée qu'elles étaient vraies, s'enfermant ainsi dans un système de croyances fausses où elle imaginait de façon erronée ce qu'étaient les pensées de son entourage.

— Elle va dire oui. Dis-lui que tu n'as pas confiance en toi. C'est de la peur. Il est normal d'avoir peur. C'est un mécanisme de défense. Mais dans ce cas, elle n'est fondée sur rien de concret. Tu as inventé une situation qui n'existe pas. Écoute-moi. Tu n'as pas à avoir peur. Tu es jolie et intelligente. Tu as papa et maman. On a tout ce qu'il faut pour s'en tirer. Tout va bien. Tout va très bien se passer pour nous. On va y arriver et on sera plus forte qu'avant. Je te le garantis. Tout ce que tu as à faire est d'ouvrir la bouche et de dire ce que tu as sur le cœur. Maman ne demande que ça. Notre vie ne te convient pas. Change-la !

Maimiti engagerait une discussion larmoyante avec sa mère.

Quelques jours plus tard, suite à cette séance, je devais recevoir une visite qui n'aurait pas dû me surprendre car il fallait que je l'admette ; un nouvel élan s'était imprimé dans ma vie et il était la conséquence de ma rencontre avec Teva Robinson.

Chapitre 11

Je décidai ce matin-là de paresser sur ma terrasse sous prétexte que si je ne faisais rien, j'éviterais au moins de mettre le feu au fare. L'argument était évidemment fallacieux puisque je vivais ici depuis plusieurs mois et que les murs n'étaient toujours pas carbonisés. Je voulais juste flâner un peu devant le lagon reflétant le ciel immense, trop loin de la métropole pour imaginer les gens se rendant à leur boîte, enfermés dans leur caisse. Je réfléchissais avec la même ardeur à la possibilité d'un plongeon dans le lagon. Perdu dans mes profondes pensées, je n'entendis pas venir mon visiteur derrière mon dos.

— Iaorana, entendis-je soudain.

Je sursautai. En me retournant, je vis une femme bien en chair que j'avais déjà vu quelque part sur l'île, s'avancer.

— Oui ?

— Pardon pour le dérangement, Umphrey.

J'adorais la façon dont les polynésiens prononçaient mon prénom en roulant le "r" et en appuyant sur la dernière syllabe. De ce fait, je lui pardonnai immédiatement l'intrusion.

— Iaorana. Maitai ?[3]

— Oui, ça va. Je suis la cousine de Maimiti, que tu as vue mardi dernier. Tu te souviens ?

Elle me demandait si je me souvenais des circonstances de ma dernière déroute amoureuse ! Oui, très bien. Je te remercie. Moana n'avait toujours pas reparu.

— Oui. Bien sûr, répliquai-je après m'être octroyé quelques secondes pour ne rien laisser transparaître de mon amertume, qui ne fut somme toute que passagère.

Je connaissais le sourire qu'elle esquissait. Je ne me demandai plus si ce dernier était dû à mon accent américain ou alors à la réputation de gaffeur que je m'étais faite en quelques mois à peine. Je ne l'appris que plus tard ; ce sont mes yeux bleus qui la chahutèrent.

— Elle m'a dit que ta séance d'hypnose lui avait fait un bien fou. Je peux te voir un moment ?

Oh, non ! Voilà que le travail se présentait à ma porte, maintenant ! Cela vous dérangerait-il de me laisser un peu seul. J'ai besoin de me reposer de temps en temps. Je veux rester seul et piquer une tête dans le lagon, vous comprenez ? En quelle langue faut-il vous le dire ? Leave me alone ![4]

— Oui, bien sûr, m'entendis-je répondre en affichant mon sourire de tombeur. Tu veux t'asseoir ?

Elle prit place sur le divan en rotin.

— C'est mon fils. Il passe son temps à fumer et ne fait plus rien de sa vie.

Mon sourire s'effaça. Je savais où je l'avais vu. C'était la pharmacienne.

— Ouh, hululai-je.

---

[3]Bonjour. Comment ça va ?
[4] Laissez-moi seul.

— Maimiti m'a dit que tu lui as donné une vision de ce qu'elle serait plus tard, me coupa-t-elle impatiente d'entrer dans le vif du sujet et me pardonnant mon ridicule cri d'oiseau.

— Je lui ai dit qu'il faut avoir une vision de soi-même et contrôler ses pensées car si ce n'est pas nous qui le faisons, quelqu'un d'autre s'en chargera à notre place.

— Je le sais. Une amie travaille dans l'industrie du tabac en France. Elle ne culpabilise absolument pas de mettre des substances addictives dans les cigarettes arguant du fait qu'elle ne force personne à les acheter. Le raisonnement se tient. C'est aux gens de ne pas tomber dans le piège et à se contrôler. Oui, mais comment ?

— Tu as réfléchi à la question ?

— Oui. Le professeur de sport de mon fils dit qu'il a un talent inné pour le saut en hauteur mais qu'il ne fait rien pour l'exploiter.

— J'ai déjà entendu cette remarque quelque part, glissai-je.

Elle poursuivit en ignorant ma réplique.

— Quelqu'un est intervenu dans leur classe pour parler des méfaits de la cigarette et leur a annoncé directement qu'il avait un cancer du poumon dû à la cigarette et que pour que sa mort serve à quelque chose, il faisait des interventions en milieu scolaire. Mon fils a essayé de l'écouter mais son copain a passé l'heure à rigoler. Il a une mauvaise influence sur Kevin. Tu as raison, il n'y en a pas qu'un qui influencent nos pensées. Il y a déjà les copains. Et le soir, il a recommencé à fumer. Ça me désespère.

— Les jeunes aiment braver le danger et les interdictions. C'est pour ça qu'il suffit de leur dire de ne pas aller dans une direction pour qu'ils s'y dirigent. On peut même leur signaler qu'il y a trois choses essentielles dans la vie : l'argent, la liberté et la santé et que la cigarette a la propriété de détruire les trois. Cela ne les empêchera pas d'aller là où tu leur dis de ne pas aller.

— Je suis d'accord avec toi. Mais Maimiti a changé en quelques jours. C'est donc possible.

— Oui. Notre comportement est dicté par notre façon de penser et notamment par nos habitudes.

La polynésienne baissa les yeux pour réfléchir. J'ouvris la bouche mais préféra temporiser.

— Une habitude est induite par une façon de penser au bout du compte, remarqua-t-elle finement.

— Certains changent d'habitude du jour au lendemain suite à un déclic. Dans ce cas, les effets peuvent être rapides. En modifiant sa façon de penser, on change ses habitudes et on a une chance supplémentaire d'éviter les écueils. Il faut avoir une vision de soi-même et croire que l'on a la capacité d'atteindre cet objectif, affirmai-je sans ambages.

— Je ne voudrais pas abuser de ton temps mais comment ?

— Non, je serais ravi de t'aider. On peut s'inspirer d'une personne. Il n'est pas question de lui ressembler mais juste d'avoir un exemple de ce que l'on peut réaliser au cours de sa vie. Il a quel âge ton fils ?

— Seize ans.

— Seize ans ? Il doit bien avoir une idole.

— Il me parle de Sotomayor.

Ce nom me disait quelque chose. Je fouillai dans ma mémoire à toute vitesse.

— Javier Sotomayor, l'athlète cubain ? M'écriai-je en cachant la fierté d'avoir été aussi prompte.

— C'est lui. Il en parle comme si c'était un dieu.

— Ce gars a beaucoup travaillé. Il faisait de la visualisation.

Le craquement d'une branche de cocotier nous fit sursauter tous les deux au même instant. Nous nous retournâmes vivement vers le bruit et qui se tenait devant nous ? La pharmacienne me dira plus tard qu'elle crut halluciner en voyant le type avancer.

Chapitre 12

Son fils !

Le jeune Maori ressemblait plus à un athlète qu'à un adolescent mal dans sa peau et en quête de lui-même. Il s'approcha de nous à la manière d'un boxeur qui voulait casser la figure à quelqu'un. J'avais juste la désagréable intuition que ce quelqu'un était moi. Attends ! Je n'y suis pour rien moi si j'attire les gens et si la moitié de Moorea vient me voir.

Il ouvrit soudain la bouche et ce qu'il annonça me laissa pantois.

— Tu avais raison, maman.

Mes épaules retombèrent toutes seules et je compris en deux secondes que je n'allais pas tout de suite prendre mon bain lagunaire.

— Quel est ton modèle en matière de sport ?

Le jeune était assis face à moi sur le fauteuil en rotin, qui avait usé pas mal de fonds de culotte bien avant que je n'en fasse l'acquisition. Pas de divan aujourd'hui. Inutile d'évoquer le potentiel sportif non négligeable des jeunes polynésiens. Après une courte discussion et pour une raison que l'on comprendrait plus tard, il avait demandé à ce que sa mère soit présente. On allait faire comme chez le psychologue mais sans psychologue et dans la plus belle baie du monde. Il me dévisagea.

— Sotomayor.

— À qui voudrais-tu ressembler et dans quelle mesure ?

— À lui, pei.[5] G déjà sa couleur de po.

Sa mère éclata de rire. Les polynésiens n'en ratent pas une.

— Oui et en plus tu roules les "r" comme lui, renchérit-elle.

Ils rirent tous les deux de plus belle. Était-il conscient d'avoir une troisième similitude avec le champion cubain ? La stature.

— Pourquoi ?

— Je battré dé record. On me verré à la télé et ma famille seré fière de moi, annonça-t-il, sérieux comme un pape.

— Qu'est-ce que cela t'apporterait sur le plan personnel d'être comme lui ?

Le jeune prit un long moment avant de répondre.

— Je me sentiré mieux dans ma peau, je seré plus sûr de moi, je pourré voyagé dans le monde entié.

— Décris ce qui te séduit chez lui.

— C un excellent athlète, il é élégant, tout le monde l'admire et l'aime.

— Nous allons maintenant faire un exercice de visualisation.

— C'est quoi ça ?

— La visualisation c'est voir et penser de façon différente, ce qui permet d'agir de façon différente. Il s'agit d'imaginer, les yeux fermés, une action idéalement réalisée. Sotomayor visualisait mentalement un saut, allongé sur son sofa, jusqu'à ce que le geste technique soit parfait. On a fait des études sur ce sujet. On a pris trois groupes de basketteurs. Le premier groupe se déplaçait physiquement dans un gymnase et faisait des paniers. Les athlètes du second groupe étaient allongés dans un laboratoire et ne

---

[5] Expression tahitienne servant à insister

faisaient que visualiser leurs lancés, sans l'effectuer physiquement. Le troisième groupe ne faisait rien. Devine quel groupe a le mieux réussi le test final.

— Le premier groupe, celui qui faisait physiquement les paniers, répondit le jeune Maori.

— Non. Le deuxième, celui qui visualisait le geste technique parfait.

— C'est surprenant, intervint la mère.

— Veux-tu essayer cet exercice ?

— D'accord

— Bien. (je pris une profonde inspiration et profitait de cet instant pour me concentrer et mettre de l'ordre dans mes idées) Détends-toi. Tu es sur le point de réaliser une performance en saut en hauteur lors d'une épreuve comptant pour les qualifications des jeux olympiques. Je voudrais que tu prennes le temps de te concentrer sur ton saut. Tu veux bien ?

— Oui.

— Nous allons visualiser ta course sur le stade. Ferme les yeux. Laisse venir les images dans ton esprit sans les forcer. Tu vas d'abord voir une silhouette grisâtre. C'est toi. Tu la vois ?

— Oui. Les contours ne sont pas précis mais oui.

— Regarde-toi bouger sur le stade.

— Je me vois.

— Tu te prépares à t'élancer. La barre est à un mètre quatre-vingt-dix. Décris au ralenti le geste technique dans les moindres détails.

Ayant à l'esprit les effets de cet exercice sur Maimiti, le jeune homme inspira calmement.

— Je me vois courir, lentement d'abord puis de plus en plus vite. Mon pied d'appui est le droit. Je lance mes deux bras vers le haut en même temps. Mes épaules sont passés, les fesses aussi, je tends les jambes. La barre reste en place. Je tombe sur le tapis. La barre ne tombe pas.

— Bravo ! Que ressens-tu ?

— Je suis fier.

— Concentre-toi davantage. Tu es avec ta famille maintenant. Tu pleures de joie avec eux. Ressens l'émotion qu'une telle performance procure. Ressens la joie, la fierté. Ressens ces émotions au plus profond de toi.

— Je ...

Le gamin était au bord des larmes. Une transformation lente mais sûre, était en train de se produire dans sa tête.

— Tu y es, Kevin, affirmai-je d'une voix calme et posée. Tu ressens l'émotion des grands champions. Garde-la au fond de toi lorsque tu t'entraînes. Tu es pareil qu'eux.

— Oui, lâcha-t-il la gorge serrée.

— Lors de la remise des médailles, tu es le troisième athlète que l'on invite sur le podium, la plus haute marche. Tu viens de remporter la médaille d'or et tu t'es rapproché du record de Javier Sotomayor. Le stade hurle. Est-ce que tu te vois ?

Il ne fut pas long à répondre.

— Oui.

— Peux-tu décrire la scène ?

— Je suis sur le podium avec deux copains. On est souriant tous les trois. On se sert la main plusieurs fois. On n'ose pas croire qu'on a réussi.

L'adolescent était en train de muter.

— Comment te sens-tu ?

— Je suis fier de moi. Je sais que ma famille est fière aussi.

— Est-ce que les efforts que tu as fournis pour arriver à ce niveau en valent la peine ?

— Oh oui.

— Décris ton entraînement quotidien. Que fais-tu le matin ? Quels sont tes rituels ?

Le jeune homme répondit au bout d'un temps infini. J'observai ses yeux bouger derrière ses paupières closes. Il était totalement plongé dans un univers nouveau qui semblait l'enthousiasmer et l'émouvoir.

— Je me couche tôt. J'ai arrêté de fumer. Je m'entraîne dès que je le peux. J'ai un bon entraîneur.

— Est-ce que ...

Il ouvrit brutalement les yeux.

— Il me faut un bon entraîneur, lança-t-il en se redressant.

J'avais encore une question.

— Qu'est-ce que ...

Il me coupa à nouveau. On sentait qu'un changement venait de se produire au fond de lui.

— OK. J'arrête de fumer. Il *faut* que je m'entraîne.

Il semblait décidé, pour faire dans l'euphémisme. Pour être plus concret, un séisme venait d'ébranler son système de penser tout entier. Ce n'était plus le même gamin. Il avait un visage plus mature, celui d'une grande personne qui savait où aller et ce qu'il fallait faire pour s'y rendre.

— C'est un joli pas en avant, répliquai-je en levant les yeux vers lui, impressionné par son port de tête et des traits que je n'avais pas remarqués tout à l'heure. Trouve un entraîneur. C'est l'objectif d'aujourd'hui. Cela te convient ?

Le gamin souleva les sourcils en guise d'assentiment et se rassit. Précisons que les polynésiens sont plutôt avares de paroles et qu'ils utilisent souvent gestes et autres mimiques faciales. On a parfois l'impression qu'ils n'usent leur salive que pour faire rire les autres. Mais revenons à nos moutons, si vous me permettez l'expression, nous avions trouvé le premier pas vers sa vraie vie de champion de saut en hauteur. Son cerveau allait se concentrer sur un premier petit objectif unique et trouver le moyen de l'atteindre.

Il revint me voir plusieurs fois, non accompagné cette fois-ci, ayant signé seul et sans témoin, un contrat moral avec sa mère et avec ce quelque chose en lui dont il ignorait l'existence mais qu'il venait de réveiller.

Nous mîmes au point des rituels matinaux et des actions habituelles à réaliser à plusieurs moments de la journée, en faisant confiance au mécanisme de réussite actif dans son cerveau. L'habitude de fumer fut remplacée par l'habitude de faire du yoga, la deuxième n'étant pas plus difficile que la première. Les séances de yoga ne dépassèrent pas la minute par jour au cours des premières semaines. Puis l'habitude s'installant, elles s'étendirent à deux minutes, puis progressivement à une demi-heure. Un autre de ces exercices consistait à ressentir de la gratitude vis à vis d'un moment de sa vie. Le principe est que le sentiment de gratitude est incompatible avec la peur, ce dernier étant un obstacle à la réussite. Je lui demandais de se remémorer un instant agréable donc, et de ressentir de la gratitude pour ce cadeau. Je l'incitais à ressentir ce même sentiment de gratitude pour les insignifiants petits moments agréables de la journée.

Nous nous focalisâmes aussi non pas sur l'objectif en lui-même mais sur les moyens de l'atteindre, ce qui est, selon le grand maître international d'échecs Jonathan Dourerassou, une clé de la réussite. Les moyens mis en œuvre pour atteindre son objectif sont la visualisation, un sommeil réparateur, l'entraînement physique, l'alimentation, la rigueur, la fréquentation de gens ayant développé leur mécanisme de réussite et tous les aspects traités dans ce récit.

Il s'habituait à remporter de petites victoires ; résister à la gourmandise ; nettoyer sa chambre ; s'occuper des affaires importantes et urgentes avant les affaires importantes mais moins urgentes ; cultiver des pensées positives et effacer les pensées négatives ; réfléchir avant d'agir. Ces préparations renforçaient des qualités telles que la rigueur, le courage et la détermination, qualités dont il aurait besoin pour relever de plus grands défis. Concrètement, il était accroc au chocolat. À chaque repas, il s'octroyait un seul carreau après le dessert, prenant tout son temps pour le savourer seul sur la terrasse. Le compromis était acceptable. Il se brossait les dents juste après, ce qui fermait une porte dans son esprit et éliminait l'envie compulsive d'un deuxième carreau puis de la tablette entière. C'est de cette façon qu'il se forgeait un mental.

Il comprit tout de suite les bénéfices de son entraînement. Les rituels lui permettaient de canaliser son énergie et la rigueur jouait le rôle de garde-fou en l'empêchant de partir dans tous les sens.

Pendant les vacances, il passait sept heures par jour sur les réseaux sociaux. Il réussit à changer cela aussi. Ce fut progressivement une heure par jour seulement. Les six heures restantes furent réservées à la visualisation, yoga et autres exercices.

Ensuite, au cours de séances d'hypnose, il imagina être déjà champion de Polynésie et en observa les bienfaits. Le sentiment de victoire qu'il ressentait lors de ces séances lui fit comprendre que l'impossible est réalisable quand on s'implique. Il avait le sentiment de mieux diriger sa vie. Le respect que les gens lui portaient dans son esprit améliorait d'autant son estime de soi. Il avait le sentiment du devoir accompli et l'argent qui en découlait. À la fin de l'exercice, il en déduisit que le jeu en valait la chandelle, ce qui lui donnait plus d'énergie et l'envie de s'impliquer davantage.

Il n'était plus comme un bateau sans gouvernail et sans capitaine. Il savait enfin où il allait et cela changeait tout. Il avait un but dans la vie, un but qui le faisait grandir.

Un autre exercice d'autohypnose consistait à imaginer un lieu où il se sentait en sécurité et où il pouvait souffler et se reposer. C'est un endroit calme, paisible et agréable associé à une sensation de bien-être. Il en existait un où il passait parfois du temps, un chemin de terre battue, le plus souvent désert, où les feuilles mortes craquaient sous ses pas, à peine troublé par le chant des oiseaux et des insectes. Cet endroit était perdu à flanc de montagne et entouré par quelques sommets de faible altitude. Au bout du chemin somnolait une cabane de bois en bon état mais le plus souvent inhabitée. Il s'asseyait là et laissait passer les heures en observant les ombres s'étendre et la nature respirer calmement. Il ne redescendait vers le monde des humains qu'à la tombée de la nuit, le cœur en paix et l'esprit au repos. Il se rendait ainsi par la pensée dans plusieurs endroits sûrs qui l'apaisaient et lui redonnaient confiance en lui. Lorsqu'il était enfant, il n'avait pas de peur. Le jeune enfant se relève toujours quand il apprend à marcher. Je lui demandais de se remémorer son enfance et l'absence de peur qui la caractérisait. Lorsqu'il apprenait à marcher, il n'hésitait pas devant la difficulté. Lorsqu'il tombait, il se relevait encore et encore jusqu'à ce qu'il réussisse sans s'inquiéter du jugement des autres. En affrontant nos peurs, on se rend souvent compte qu'elles ne sont pas aussi impressionnantes que cela finalement et qu'elles rétrécissent lorsque que l'on s'approche d'elles. La raison de ce phénomène est que l'action diminue l'impact des peurs sur le cerveau.

Il s'agit d'un fait important que je voudrais détailler ici. Notre imagination nous pousse à exagérer l'étendu d'un problème, ce qui a pour effet du reste, de diminuer nos forces pour le gérer. Certains problèmes paraissent être une montagne. Prenons des exemples concrets. Pour certains, c'est le ménage, pour d'autres, les courses ou que sais-je encore ? Procrastiner ne fait qu'accentuer la difficulté. Plus je tarde à faire le ménage et plus j'ai l'impression d'avoir de corvées et moins j'ai de courage pour régler ce problème. Ensuite, c'est un cercle vicieux ; moins j'ai de courage et plus mes forces déclinent. Enfin, vous connaissez le problème. Inversement, en me lançant courageusement dans la bataille, je me rends compte que le problème était surtout dans ma tête et au bout du compte, la fierté d'avoir relevé le défi me revigore et me donne davantage de force. Vous connaissez sans doute comme moi des situations plus éprouvantes que faire le ménage, mais schématiquement, l'attitude est la même.

À ce sujet, une ancienne légende polynésienne raconte qu'un monstre à trois têtes terrorisait les habitants de l'île de Tahaa. Dans les villages, on ne parlait jamais de lui ni le soir, ni au cours de la journée de peur de le réveiller, mais tout le monde se mettait à frémir lorsque l'on entendait ses terribles rugissements au milieu de l'île. Les sages avaient pris l'habitude de désigner une vierge pour le sacrifice chaque fois que le monstre se manifestait bruyamment. Un jour, les plus courageux ou les plus fous se rendirent au centre de l'île et ils le virent. La bête était immense. Selon certains, elle mesurait plus de vingt mètres de haut. D'autres affirmaient que ses trois têtes dépassaient des plus hauts cocotiers. Un jour du mois de juin, Tahina, une jolie polynésienne célibataire, entendit frapper à sa porte. Elle fut ravie de voir les sages de l'île devant elle mais son sourire se figea lorsque, voyant leur air grave et contrit, elle comprit qu'ils avaient une mauvaise nouvelle pour elle et sa fille. Au moment où ils lui annoncèrent que Hina avait été choisie pour le prochain sacrifice, la jeune mère se mit d'abord à trembler de façon incontrôlée puis elle poussa un hurlement à vous glacer le sang.

Prise de panique en entendant la sentence de mort, Hina s'enfuit et trouva refuge chez son plus cher ami, le jeune Hiro, un garçon qui venait de fêter ses quatorze ans. Elle lui sauta d'abord dans les bras en larmes et lorsqu'elle réussit enfin à lui expliquer la cause de son désarroi, ils se mirent à pleurer tous les deux. Le jeune Maori ne sut d'abord comment réagir à la nouvelle que sa dulcinée allait servir de repas au monstre. Anéanti et impuissant, ses yeux se fixèrent machinalement sur les braises du faible feu de bois, comme on en faisait souvent à l'époque, qui rougeoyait devant sa case alors que l'inconsolable Hina sanglotait dans ses bras.

L'impensable se produisit alors. Tout d'abord, des torches s'allumèrent comme par enchantement près d'eux, sur les murs de son habitation et autour des arbres en illuminant la scène. Au grand étonnement du jeune Maori, Hina resta impassible. Il comprit plus tard qu'il était le seul spectateur de cette scène et que ce qui allait se passer ne s'adressait qu'à lui seul. Il jeta un regard circulaire autour de ce surprenant spectacle. Ensuite, il eut brutalement une vision. Il se vit en compagnie de son grand-père, qui n'était déjà plus de ce monde et d'un vieil homme qu'il identifia comme étant son arrière-grand-père. Bien qu'âgés, ils avaient la vigueur des guerriers Maori et le port de tête des vainqueurs.

— Hiro, ton nom sera honoré dans toutes les îles jusqu'au-delà de l'horizon et il restera gravé dans toutes les mémoires, annonça le plus âgé des deux d'une voix forte. Tes exploits seront racontés le soir au coin du feu et l'on se souviendra de toi pour toujours jusqu'à la fin des temps.

Le jeune homme perdit l'équilibre et tomba à la renverse. Le voyant à terre, Hina leva les sourcils de surprise. Intimidé par la prestance des personnages et des paroles prophétiques, le jeune homme bafouilla d'inaudibles mots. Il lui fallut un long moment avant de ressaisir.

— On se souviendra de moi, s'étonna-t-il. Pour quelle raison ?
Le grand-père lui répondit sans attendre.
— Parce que tu es un héros.

Croyant rêver, le jeune homme cligna des yeux. Puis il répondit au sourire narquois de ses vis-à-vis.

— Moi, un héros ? S'esclaffa-t-il. Vous devez vous tromper. Je vais sans doute vous décevoir, mais je n'en ai ni l'étoffe, ni le courage.

— Tu en es un pourtant. Je te l'assure.

Le jeune homme resta pensif un moment.

— Pour quelle raison êtes-vous venus me voir ?

— Les épreuves qui s'offrent à toi sont des opportunités pour te faire grandir et révéler ton véritable potentiel. N'en sois pas effrayé.

Le vieil homme faisait de toute évidence allusion au sacrifice de sa fiancée.

— Dites-moi ce que je dois faire.

— Les monstres existent bel et bien mais tu dois savoir un détail important. Ils se nourrissent de vos peurs. À toi de les affronter. Tu dois détruire celui qui veut prendre ta future femme.

— Les sages de l'île l'ont désigné pour le sacrifice. Il faut leur obéir.

— Surtout pas car ils se trompent. Prends un simple casse-tête avec toi et tu verras que le monstre qui vous terrorise tous n'est pas aussi fort que cela. Écoute-moi ; il tire sa force de vos peurs. Tes ancêtres ont bravé courageusement le plus puissant des monstres ; le Grand Océan. Tu as cela dans les veines ; le courage et la force. Affronte tes peurs et tu deviendras un guerrier respecté de tous.

La vision disparut aussi rapidement qu'elle était apparue. Les yeux hagards, il se tourna vers Hina. Cette dernière le regarda à son tour derrière un rideau de larmes et d'incompréhension. Il lui sembla cependant que son compagnon se tenait plus droit que tout à l'heure ou était-ce les traits de son visage qui avaient changé ?

— Ne pleure plus Hina. Personne ne te fera de mal.

La jeune fille, interdite, vit Hiro prendre ses armes et quelques affaires supplémentaires puis sortir. Un groupe d'enfants désœuvrés, observant leur aîné se saisirent ainsi de ses armes, tint conseil.

— Où va-t-il, croyez-vous ? s'enquit le plus jeune d'entre eux.
— On dirait qu'il part à la chasse.
— Tout seul ?
— Je ne sais pas, lança un garçon aux yeux malicieux. On va voir. Venez !

La bande de gamins suivit discrètement notre héros.

À leur grand étonnement, ce dernier se dirigea vers le centre de l'île, où l'on entendait le monstre grogner. Ils avancèrent prudemment derrière lui jusqu'au moment où ils virent Hiro à un jet de lance du monstre, qui était effectivement immense. Ses trois têtes dépassaient le sommet des plus hauts arbres. Impressionné, Hiro avala sa salive et, les paroles de ses ancêtres en tête, fit un pas en avant.

— Il est fou. Il va se faire tuer.

Les enfants médusés continuèrent à observer l'adolescent. Tremblant de peur et d'excitation, Hiro tendis solidement son filet de pêche entre deux arbres, puis il se rua vers le monstre, brandit sa hache et lui asséna un violent coup sur un orteil. La bête poussa d'abord un hurlement qui terrifia les gamins puis il baissa un regard étonné vers le petit être à ses pieds. Il tendit le cou vers lui comme s'il était myope et qu'il voulait voir de plus près cet étrange insecte sans aile qui avait osé le piquer. Hiro le frappa une deuxième fois et voyant la colère gagné son adversaire, prit ses jambes à son cou. En le poursuivant, le monstre se prit les pattes dans le filet de pêche et tomba lourdement à terre. Le bruit de la chute dut se répercuter dans toute l'île tellement le choc fut brutal. Une fois à terre, Hiro le frappa une nouvelle fois. Quelle ne fut pas sa surprise de constater qu'à chacun de ses coups, le monstre diminuait de taille ! Il ne mesurait à présent plus que trois mètres de haut. Voyant que ses efforts étaient couronnés de succès, il se mit à frapper de plus belle. Le monstre n'en finissait pas de rétrécir et n'était à présent guère plus gros qu'un chat. Il saignait de partout et poussait des couinements de souris. Il était pitoyable.

Hiro l'acheva d'un seul coup.

Lorsqu'il souleva le cadavre du bout de sa lance, les gamins sortirent de leur cachette en poussant des hurlements de joie.

En tournant brusquement la tête vers eux, Hiro comprit alors les paroles de ses ancêtres. Les monstres resteront des monstres jusqu'à ce qu'on les affronte et que l'on comprenne qu'ils se nourrissent de nos propres peurs.

Des enfants envahirent le village en racontant une histoire qui semblait tout droit sortir de leur imagination. Les anciens les suivirent malgré eux et en traînant les pieds jusqu'au fare de Hiro, croyant avoir affaire à des fabulateurs. Hina ne crut pas davantage un mot de leur récit exalté. Elle chercha Hiro du regard. Lorsqu'elle le vit au bout du chemin brandissant la dépouille d'un monstre miniature et entouré d'enfants admiratifs, un grand sourire irradia son visage. Elle comprit en un instant qu'elle était sauvée et qu'elle allait aimer son héros sa vie entière. Les sages, quant à eux, restèrent bouche bée et les bras ballants.

Les gamins couraient en tous sens et en tout lieu. La nouvelle se répandit sur l'île comme une nuée de moustiques au coucher du soleil laissant chacun, femmes, hommes et enfants, ébahi et sans voix.

Personne n'a su me dire si ce Hiro était le même que celui des légendes plus connues mais le vieux polynésien édenté qui m'a raconté cette histoire tient, me dit-il, de ses ancêtres que c'est la plus ancienne.

Kevin l'avait déjà entendu quelque part sans y avoir prêté attention. Il me regarda cependant sans un mot lorsqu'il en comprit la morale. Quelles que soient les difficultés qui se dressent sur notre chemin, il ne faut pas avoir peur mais au contraire les considérer comme des adversaires qui vont nous permettre de grandir et de renforcer notre mental.

Allons plus loin dans cette intéressante expérience et laissez-moi développer quelques-uns des événements qui suivirent mes entretiens avec Kevin Otua et qui montrent qu'une victoire entraîne d'autres événements positifs.

Nous reçûmes un jour la visite d'un sportif de haut niveau qui affirma ne pas avoir été plus performant que lui à son âge et utiliser lui aussi les images mentales pour se ressourcer. On dit que la différence entre un champion et les autres est le mental. C'est vrai. Mais qu'est-ce que le mental si ce n'est l'ensemble de nos croyances ? fit remarquer notre visiteur. On en revenait toujours à la même conclusion ; il fallait développer sa façon de penser. La discussion électrisa mon jeune protégé. Je sais qu'il eut du mal à dormir cette nuit-là, réalisant tout d'un coup qu'il était l'un d'eux.

Ce cheminement le conduirait, ce que nous ignorions tous évidemment, vers de surprenants progrès en saut en hauteur et au titre de champion de Polynésie en moins de deux ans, puis champion de France et champion olympique.

Voilà les débuts de l'immense athlète polynésien Kevin Otua. Ce gamin allait devenir un exemple pour des milliers de sportifs autour du globe et pour ceux qui auront envie de se dépasser. Il influencera les membres de sa famille d'une façon ou d'une autre, dont sa fille, qui deviendra une sportive de haut niveau et tant de gamins qui ne demandent que deux choses ; qu'on leur montre les actions passionnantes réalisables au cours d'une vie et qu'on leur fasse comprendre ce dont ils sont capables.

Tous ces événements n'auraient probablement jamais eu lieu sans ce jour dont il parlera dans ses mémoires, où sa vie bascula et où il accepta de réveiller le héros en lui.

Il aura finalement transformé son addiction à la cigarette en un magnifique tremplin et une succession de victoires qu'il n'imaginait pas. Il avait juste utilisé un outil que nous avons tous ; la capacité de contrôler ses pensées. Les addictions et les difficultés servent à cela ; à nous pousser vers une meilleure connaissance de soi et à prendre conscience que nous sommes l'auteur(e) de notre propre vie.

Le sage sur la colline de Teva Robinson avait raison. C'est à ce moment-là que je compris ses paroles ; inutile de fanfaronner, quel que soit notre potentiel, quels que soient nos talents, nous n'obtenons rien sans action.

En renforçant nos pensées par une action, nous obtenons des résultats, qui consolident à leur tour nos croyances. Les pensées, les actions et les résultats sont les trois piliers pour progresser. À eux trois, ils forment un cercle vertueux qu'il faut entretenir comme on entretient un jardin ou un feu de camp. Il faut arriver à contrôler le flux de nos pensées et ne s'attarder que sur celles qui nous font avancer et nous valorisent. Les autres doivent être impitoyablement éliminées.

Pour agir, il faut du courage et de l'énergie. Encore une fois, agir est risqué car le monde étant ce qu'il est, l'échec est toujours possible. Le pire serait de ne rien tenter et de ne pas s'engager dans l'action car en ne faisant rien on n'apprend rien. Celui qui agit commettra peut-être des erreurs mais celui qui n'agit pas en commet une assurément. Je garde à l'esprit que la récompense peut être incomparable.

Il est un fait sur lequel vous serez sans doute d'accord avec moi ; on peut éviter des addictions, une perte de temps, d'argent et d'énergie en contrôlant ses pensées et en cultivant une vision positive de soi-même.

Chapitre 13

Ma renommée grandit à Moorea où j'eus bientôt plus de clients qu'à Tahiti. Quant à Teva Robinson, je n'en eus plus aucune nouvelle pendant des mois. Il avait disparu de la circulation sans laisser signe de vie. Et puis un bel après-midi, alors que je marchai nonchalamment sur la route vers mon fare à Moorea, j'aperçus au bout du chemin une silhouette qui me rappelait quelqu'un que j'avais connu autrefois. Il était accompagné d'un border collie, fait qui attira mon attention car on ne rencontrait pas ce genre de chien sur l'île. Je sursautai et absorbé par la vision, évitai au dernier moment de trébucher sur une noix de coco tombée au mauvais endroit. Le sourire goguenard sous une barbe de plusieurs jours me confirma que je connaissais le nouveau venu. Arrow leva les yeux vers moi en frottant son museau blanc contre mes jambes. C'était lui, à la fois plus mûr et en meilleure forme, si je m'en fiais à sa démarche souple.

Teva Robinson.

— Docteur Umphrey Bolt, ça fait un bail.

— Salut Teva. Où étais-tu passé ?

— C'est une longue histoire, doc. Nous sommes partis en voyage.

Le courant passait toujours entre nous. Nous n'étions pas des étrangers mais de vieux amis unis par quelque lien que le temps semblait avoir renforcé. J'eus l'impression que l'on s'était quitté la veille.

— Je devine que tu vas me raconter d'incroyables péripéties, continuai-je en posant chaleureusement ma main sur son bras.

J'étais content de les revoir tous les deux. Arrow me gratifia d'un précautionneux coup de patte sur le mollet.

— Incroyable est un euphémisme, corrigea-t-il en souriant de plus belle et d'un air détaché que je ne lui connaissais pas. Mais tu apprécieras par toi-même lorsque je t'aurai tout dit. C'est un peu long pour t'en parler ici. Tu as un moment ?

Je réfléchis un instant à mon emploi du temps de la journée. J'avais honoré tous mes rendez-vous. J'étais libre comme le vent jusqu'au soir.

— Plein, répondis-je impatient de connaître la suite de ses aventures.

— J'habite juste à côté. Tu veux venir ?

— Ça alors ! On est voisin alors.

Manavaimamanaeura, (Entre nous, je l'appelle Manavai. C'est une question de commodité.) la vétérinaire auteure de ma première lettre d'amour et qui m'avait choisi, rentrerait un peu tard ce soir-là. J'avais tout mon temps pour écouter Teva Robinson. Ma fin de journée avait pris un tournant que je n'attendais pas et le dénouement de cette histoire se passerait donc à Moorea. On nous regarda arpenter tranquillement tous les trois le chemin de soupe de corail bordé de bananiers, manguiers et arbres à pain jusqu'à un fare là-bas au bord de la baie de Cook. Une polynésienne souriante en pareo, qui étendait son linge sur sa terrasse, nous fit un signe de la main. Au bout de l'allée, un jeune

Maori jouait du ukulele en marchant dans notre direction tandis qu'au loin, le mont Rotui nous contemplait du haut de sa splendeur. Le fare de mes compagnons était derrière les frondaisons, là où s'étendait le lagon bleu aux vaguelettes tranquilles, encore plus beau et plus apaisant que dans nos rêves. Arrow s'étala paresseusement sur la terrasse carrelée en me détaillant comme pour m'inviter à faire de même.

— Je t'en prie, confirma son compagnon humain d'un geste de la main avant de m'abandonner quelques minutes.

Je m'installai sur une chaise de bois et me détendis en observant la tête hirsute des cocotiers se balancer lentement à dix ou vingt mètres au-dessus de nous au rythme des alizés et les vagues s'échouer langoureusement à un jet de pierre. D'ici, l'on voyait des pétrels à ailes noires traverser tranquillement le ciel avec la même indolence. Un papayer projetait son ombre au milieu d'une pelouse à l'herbe rase. Deux ou trois Tangaras Cramoisis, petits oiseaux au ventre rouge et aux ailes noires, s'ébattaient dans une flaque d'eau pendant que des Perruches Vertes et des merles des Moluques sifflaient leurs mélodies tropicales dans un bananier ou un manguier. Le jeune Maori reparut sous l'œil attentif de Arrow et s'installa face à moi. C'est ici, devant un verre de jus de fruit et quelques tranches d'ananas qu'il venait de sortir du réfrigérateur qu'il reprit son histoire là où il l'avait terminée.

Il me décrivit dans le détail les événements qui se produisirent à Moorea après les séances d'hypnose. Ce fut une période qu'il qualifia d'expérimentale au cours de laquelle il releva défis après défis, ce qui lui permit de travailler et d'affiner ce qu'il avait appris au cours des dernière semaines ; la confiance en soi, l'image de soi, la visualisation d'une rencontre et ce que le sage sur la colline lui avait enseigné pendant les séances d'hypnose.

Il décréta que le défi dont parlait le sage était cette fichue montagne himalayenne. Sans trop y croire, il envoya au gouvernement Pakistanais une demande d'autorisation pour se rendre au pied de la mythique montagne du Nanga Parbat. L'idée d'en effectuer l'escalade n'était pas réellement l'objectif. Il voulait juste une réponse à ses obsédantes questions. Pour quelle raison rêvait-il constamment de cette montagne ? Pourquoi devait-il s'y rendre ? Les semaines et les mois passèrent. Puis un jour guère plus radieux que les autres, il reçut son autorisation par la poste. Alors qu'il relisait le document officiel, il jetait par intermittence des coups d'œil inquiets à Arrow. S'il se décidait à aller là-bas, qu'allait-il faire de son chien ? À qui allait-il le confier ?

Quelques semaines plus tard, survint un événement insignifiant mais qui mit le feu aux poudres. Je ne saurais dire si ce fut le fruit du hasard, mais si c'était lui, on pourrait croire qu'il venait frapper à la porte au moment opportun et à dessein.

Chapitre 14

Vint ainsi le matin où il ouvrit sa boîte mail. Il put y lire un message d'une de ses amies de France avec laquelle il fit un temps des séances de méditation. Angelina, puisque tel était son nom, une souriante professeure de lycée agrégée âgée d'une quarantaine d'années et célibataire, hum, se réservait fréquemment pendant les vacances des séjours dans un ashram de Katmandou, où se rassemblaient par centaines des adeptes de méditation heartfulness. Préférer un temple népalais à l'un des multiples sites des montagnes françaises tellement propices à la méditation lui sembla d'abord une hérésie.

Ainsi commençait son mail.

Coucou Teva,

je pars pour quelques jours avec un groupe d'amies à Katmandou pour méditer. On y restera 15 jours du 14 au 28 mai prochain.

Veux-tu nous rejoindre ?

Si oui, ce sera avec plaisir. N'hésite pas à me tenir au courant.

Angelina

La veille, le même rêve l'assaillit à nouveau, l'un de ceux où Naelys le poussait à se rendre dans les hautes montagnes de l'Himalaya. Cette fois-ci l'invitation était plus pressante et urgente. Qui était cette Naelys ? Pourquoi ces synchronicités ? Quelles surprises lui réservait-on ? Quelles épreuves allait-il devoir affronter ?

Il n'avait pas le temps de tergiverser et le besoin urgent d'une réponse le tenaillait. C'est ainsi qu'il rassembla tout son courage et prit l'avion avec son chien un matin à Papeete pour Katmandou. Il reviendrait avec des histoires fantastiques et des réponses qu'il n'attendait plus.

• • •

Captivé par l'intensité de son regard et l'inflexion de sa voix, je me redressai sur ma chaise.

— Une suite d'événements sur lesquels je n'avais que peu de contrôle, continua-t-il, m'amena à suivre un chemin jusqu'au bout du monde. Ce que j'allais découvrir au cours de ce voyage, où le vivant flirtait avec le néant et où la raison ne s'avéra être qu'un concept désuet, actif uniquement en occident, allait bouleverser ma vie et ce en quoi je croyais. Veux-tu plonger dans cette histoire ou désires-tu rester dans ce que tu penses être la réalité ? Me demanda-t-il calmement, confortablement installé contre le dossier de son siège.

Sa question me laissa sans voix. Il avait le ton grave de ceux qui ont vu des choses et vécu des épreuves auxquelles peu d'humains ont été confrontés. À dix-huit ans, il était devenu un homme.

— Tu veux dire que …

Il attendit patiemment que je finisse ma phrase. Voyant que les mots ne venaient pas à mon esprit pour le moins touché par ses révélations, il poursuivit.

— Je veux dire que la réalité n'est pas celle que l'on croit (il planta ses yeux dans les miens), docteur Bolt, ajouta-t-il tandis que, le regard soudain fixe et inquiet, je crus entendre une rumeur venant du marae proche ou de ses défunts habitants.

J'étais déjà subjugué.

— Qu'as-tu découvert ? Lançai-je d'une voix troublée devinant qu'il était allé au-delà du possible et qu'il dut faire face à des événements qui bousculèrent son entendement et bientôt le mien.

Il posa les coudes sur les genoux, tendit le cou vers moi et me harponna du regard.

— J'ai découvert ce que je suis et …

Il fit une pause qui m'impressionna. Et... ? Pourquoi ne finissait-il pas ses phrases ? Le soleil commençait à décliner vers l'horizon et la température de l'air se rafraîchissait. Teva Robinson lui, continua son incroyable histoire.

• • •

L'arrivée à Katmandou se fit sous une pluie torrentielle. Le ciel était bas comme une chape de plomb. Aucun rayon de soleil ne filtrait à travers l'épaisse couche de cumulus pas plus que les sourires ne s'esquissaient sur le visage des touristes.

Par acquis de conscience, Teva Robinson sécurisa son téléphone et ses papiers dans une poche étanche. Inutile de risquer de mauvaises surprises. Après avoir récupéré Arrow dans sa cage et passé l'interminable douane, il se renseigna auprès de plusieurs personnes dans la rue pour se procurer une carte de téléphone. Il en obtint une dans une boutique en échange de quelques dollars. Il retrouva ensuite Angélina dans le lounge de l'hôtel. Elle les remarqua lui et son chien dès qu'ils franchirent la porte, au même moment que deux autres femmes situées toutes les deux à deux endroits opposés du vaste hall. Leurs lorgnades activèrent le sixième sens féminin d'Angélina car ce qui attirait l'œil des autres femmes avait forcément davantage de valeur. Sur le coup, leur jeu de dupe échappa totalement à Teva Robinson, qui observait son poncho imperméable dégouliner. Angélina, le sourire sensuel, les joues roses et le menton fier, se leva de son fauteuil rouge et or, spécial touriste à la bourse grave.

— Teva !
— Angélina. Ça me fait tout drôle de te voir ici, si loin de tout.
— Loin de tout pour nous mais tu sais qu'il y a pas mal de gens qui y vivent.

En voilà une remarque pertinente. Angélina au sourire engageant mais au verbe encore cinglant. Le séjour s'annonçait bien.

Arrow, dubitatif, posa son princier petit derrière sur le carrelage et secoua la tête.

— Comment a été ton voyage ?
— On l'a fait en groupe. On a rigolé une bonne partie du vol. Et le tien ?

Enfin bref. Les préambules classiques. Je vous épargnerai platitude et banalités. Elle le prit par le bras, la fine mouche, et l'emmena visiter ce qu'ils appelaient le village. Ce dernier, à l'écart dans la montagne, surplombait la ville tumultueuse. Derrière le rideau de pluie, les bâtiments et les véhicules de Katmandou se mélangeaient dans une cacophonie de couleurs et de sons.

— Regarde ! Lança Angélina sous leur parapluie en serrant le bras de son compagnon et en esquissant un geste circulaire vers le village.

Teva Robinson tourna le dos à la vallée et haussa les sourcils en remarquant l'architecture de la salle de méditation, qu'elle pointait du doigt.

Le bâtiment était immense. Il ne sut si ce qui le frappa en premier lieu fut la volée d'escaliers qui s'élevait jusqu'à lui, la charpente de son toit superposé qui semblait vouloir défier la gravité ou ses portiques à colonnes de bois savamment taillés. Ils gravirent les escaliers en admirant longuement les sculptures de bouddhas et d'éléphants puis, après avoir fait signe à Arrow de l'attendre à l'abri sur le parvis, Teva Robinson pénétra à l'intérieur de la salle. Le chien leva royalement la tête vers le ciel et entra en communication avec des êtres que les humains ne pouvaient ni percevoir ni comprendre. L'atmosphère dont la salle était auréolée impressionna tout d'abord le jeune Maori. L'odeur du bois mêlée à celle de la poussière, les recoins dans la pénombre, les poutres finement ciselées et une indéfinissable aura faisaient vibrer la salle. Mais celle-ci était à la gloire, semblait-il, d'un maître disparu, dont la photographie trônait sur un certain nombre de murs. Il observa ce détail qui le rendit mal à l'aise. Il était venu pour méditer ou pour rendre grâce à un homme ? Il voulait bien admettre qu'il était en quête de quelque chose et que le lieu fleurait l'état d'esprit zen, mais il avait pour lui un passable parfum de clocher car se signer devant l'image d'un humain ne lui convenait pas. Il expliqua à sa compagne, de façon un peu inopinée il est vrai, qu'adorer un homme n'était pas sa tasse de thé et il tourna les talons. Il avait besoin d'un coin de nature, un endroit où il pourrait se ressourcer et respirer calmement. Arrow l'accueillit fièrement à sa sortie de la maison et, alors qu'ils cheminaient tous les deux à pieds vers le promontoire qui s'élevait au-dessus du village, son compagnon humain se surprit à souffler d'aise comme s'il s'était débarrassé d'un poids. Le heartfulness n'était pas fait pour lui. C'était une évidence. Il était venu voir le

Nanga Parbat et rien d'autre. Enfin, c'est ce qu'il croyait. La suite des événements allait lui donner tort. Il se rendit compte que les séances de méditation n'étaient qu'un prétexte, qu'elles n'étaient pas sa destination finale, car il devait voir les choses en face ; il était en train de suivre une voie toute tracée. Les questions fusèrent à nouveau dans son esprit. Qui contrôlait sa vie et celle de son chien ? Que lui réservait-on ?

Il secoua la tête. Oubliés Angélina et l'ashram. Il allait méditer d'une autre façon. En guise de pratique spirituelle, il allait faire une balade dans la montagne. Arrow lui emboîta le pas.

●●●

Avançant lentement et prenant le temps d'observer son rythme cardiaque, il gravit les escaliers interminables et marcha presque une demi-heure. Arrow se plut à bondir d'une marche à l'autre et prit un malicieux plaisir à se tapir tel un prédateur derrière les arbres. Tout au bout du chemin à flanc de montagne, se dessinaient les contours d'une bâtisse. Au-dessus d'eux, les arbres en fleurs perdaient leurs pétales. Sur leur gauche, une barrière de bois déjà mangée par les mousses, marquait la limite à ne pas franchir avant la falaise. Alors que Teva Robinson se laissait distraire par la végétation au fond de la gorge, Arrow arrivait au bâtiment.

Un temple.

Ce dernier, entouré d'arbres centenaires et d'étranges émeraudes en forme de globe, était posé au milieu d'une clairière. De là, la ville de Katmandou était hors de vue et ses tumultes, inaudibles.

Teva Robinson se figea, imité par son chien. Ici, quelque chose semblait respirer calmement. Ce lieu était hors du temps. À l'est, des dizaines de drapeaux de prières multicolores alignés sur des fils tendus claquaient au vent. On aurait dit qu'ils avaient une volonté propre et qu'ils tentaient de se libérer pour rejoindre l'infini. Ils donnaient l'impression que la vie avait un sens mystique et qu'un mystère se cachait quelque part autour de ce lieu énigmatique. On aurait cru entendre un son millénaire venant de nulle part et tenu secret par un ancien code hermétique. L'air était imprégné d'une aura mystérieuse qui figeait l'éternité dans le froissement d'un drapeau et le cosmos dans une sphère de jade. Le jeune homme se tourna vers le nord comme s'il cherchait ses marques.

— Namaste, [6]entendit-il derrière son dos.

Arrow sursauta. Teva Robinson fit volte-face.

— Namaste, bredouilla-t-il.

Une vieille femme au visage crevassé de rides le dévisageait avec intérêt.

— Vous êtes pèlerin ? Demanda-t-elle dans un anglais approximatif.

— Euh, non. Je ne sais pas. J'admirais les drapeaux. Ils sont très colorés.

— Les cinq couleurs dont ils sont composés représentent les cinq éléments essentiels à la vie. Le bleu représente l'espace, la blanc, l'air, le rouge, le feu, le vert, l'eau et le jaune, la terre, fit la vieille femme avant de reprendre sa route.

— C'est intéressant. Je vous remercie pour ces renseignements.

— Va. Fais bien attention à toi, jeune homme. Sois fort et ton chemin te conduira vers des eaux sereines.

Les paroles sonnèrent comme une prédiction.

— Au revoir, dit-il en dirigeant ses pas vers la ville.

Katmandou fut bientôt en vue. On entendait déjà le tapage de la circulation et des activités humaines.

---

[6] Bonjour

Les propos de la vieille femme résonnaient encore dans sa tête lorsqu'un camion s'arrêta. L'homme au volant lui fit signe de monter et les emmena lui et Arrow jusqu'à la ville.

Devant le perron de l'hôtel, Teva Robinson regarda son chien assis sur le trottoir sale tout en fouillant dans son sac. Son compagnon à quatre pattes ne collait pas avec cet endroit. Le jeune homme percevait un fossé immense entre ses aspirations et cette rue polluée et bruyante. Il se sentit brutalement désœuvré et désorienté. Que faisaient-ils ici ?

Ce n'était pas un citadin. Il aimait avant tout la vue des sommets enneigés ou au moins le contact avec les éléments naturels. Pendant un instant, il aurait entendu le chant des grillons, le souffle du vent dans les cocotiers, et les vagues du lagon. Il se ressaisit.

Il était venu ici dans un but précis. Son vol pour Islamabad était fixé au lendemain. Il avait du temps devant lui. Préférant au bout du compte une visite de la ville plutôt que la climatisation de sa chambre d'hôtel, il loua une voiture faisant fi du déluge et de la circulation digne du centre-ville de Marseille aux heures de pointe. Ici, pas de règle, que des vociférations et des queues de poisson. Tant pis pour les accrochages et les entorses à l'esprit zen.

Son petit véhicule longeait les quais de la rivière Bagmati aux eaux furieuses, qui charriaient immondices et carcasses en tout genre et qui envahissaient à présent la chaussée. On ne savait plus où finissait la route et où commençait la rivière. Il aurait dû se méfier, c'est sûr. Derrière lui, un camion le serrait de près en l'inondant de coups de klaxon. Tout le monde n'était pas adepte de la zen attitude ici, s'il en jugeait par la capacité de ses tympans à gérer le taux de décibels. Il suivait les camions à une vitesse de trente kilomètres heure, sans prendre de risques mais là où ils passèrent, la petite voiture, trop légère, fut déviée de sa route vers la droite par le courant. Rien de bien méchant. Teva Robinson donna un coup de volant sur la gauche mais quel ne fut pas son étonnement de constater qu'il ne rattrapait pas les camions. Le chien se mit debout sur le siège côté passager et posa les pattes avant sur le tableau de bord.

Ils étaient emportés vers la rivière mais pire encore, l'eau commençait à inonder l'habitacle.

Aux cris du jeune homme succédèrent ses jurons. Il détacha sa ceinture en essayant de se remémorer le bon geste dans ce cas de figure et de garder la tête froide. Il fallait attendre que l'eau envahisse l'intérieur avant de pouvoir ouvrir la porte, la pression extérieure étant trop importante. Il agrippa son chien par la peau du cou et tenta de casser sa vitre à coup de coude tout en observant la montée des eaux dans l'habitacle.

Sur le quai, au milieu des coups de klaxon cacophoniques, quelqu'un hurla.

La situation tourna brutalement au cauchemar. Une carcasse cogna le parechoc en faisant gémir la ferraille et en soulevant la voiture tel un fétu de paille par la gauche jusqu'à ce qu'elle se couche sur le flanc droit. Elle était à présent dans la rivière, emportée par le torrent de boue et d'immondices en tout genre. Ce fut l'horreur. Teva Robinson faillit perdre l'équilibre et se retrouver la tête en bas. Il ramena les jambes sous lui de façon à les faire basculer sur le fauteuil côté passager et à rester debout, la tête à présent près de la porte côté conducteur. La moitié du pare-brise était sous l'eau. Il jeta des regards affolés sur la rivière en crue lorsque les vitres côté droit, raclant contre le fond de la rivière, éclatèrent. Le chien affolé contre lui, il appuya les pieds sur le montant côté droit et sur le fauteuil passager. Comment en était-il arrivé là ? Tout allait à peu près bien il y a cinq minutes. Que s'était-il passé ? Il était en train de paniquer. Une crise d'asthme se déclenchait et il avait laissé sa ventoline à l'hôtel. Pas maintenant, Teva. Il y a Arrow. Respire avec le ventre. Expire. Calme-toi. Vous allez vous en tirer si tu restes calme.

Tout d'un coup, la porte du côté conducteur se souleva dans un grincement et il entendit une voix lui répéter des mots précipitamment en anglais.

— Prends ma main !

Il plaqua Arrow contre sa poitrine et de sa main valide, saisit le bras qu'on lui tendait. Le chien était crispé de terreur. Son sauveteur lui, encapuchonné sous une veste imperméable ruisselante, avait les deux pieds posés sur le bas de caisse. On entendait la porte côté passager se déformer bruyamment contre le fond de la rivière. Il se plaça à côté de lui et tenta de se tenir debout malgré le chahut des eaux. Tout d'un coup la position s'aggrava. Un tronc d'arbre bondit sur eux et fut dévié vers le quai. Sous le coup de boutoir, le jeune homme fut déséquilibré et faillit lâcher son chien. Lui et son sauveur abaissèrent leur centre de gravité au même moment puis s'accroupirent sur le montant des portes. Il fallait prendre rapidement la bonne décision. Sauter à l'eau avec le tronc qui leur barrait l'accès au quai ou rester sur la voiture. Il échangea un regard inquiet avec Arrow. Tout se passa ensuite très vite.

En quelques secondes, lui et son sauveur furent au milieu du courant en furie. Secoués et ballottés, ils se regardèrent aussi ahuris l'un que l'autre. Que faisaient-ils ici ? Pourquoi étaient-ils dans cette galère ?

— Il y a un pont là-bas, cria la voix de femme en anglais. Vous comprenez ?

Une femme. C'est une femme qui était venu à son secours.

— Oui. On va s'agripper au pont, OK ?

Une nouvelle secousse et ils trébuchèrent à nouveau. Puis le jeune homme fut secoué par une injonction.

— Chacun sauve sa vie ? On ne s'occupe pas de l'autre, hurla la femme qui avait abaissé sa capuche et dont il pouvait à présent voir le visage et les cheveux dégoulinant de pluie.

Teva Robinson étreignit son chien pétrifié de peur. Le pont approchait rapidement. La tension montait à son paroxysme. On distinguait le bord en béton à près de deux mètres au-dessus du tumulte. En se tenant debout, il pourrait sans doute s'accrocher au rebord. Mais elle ? Elle devait mesurer un mètre soixante. Elle scrutait le pont en évaluant les distances. Tout d'un coup, il la vit se dévêtir précipitamment. Sa veste fut la première à tomber à l'eau puis ses chaussures. Elle fut bientôt en sous-vêtements et se tenait debout les jambes pliées à la manière d'une surfeuse sous une déferlante. Elle allait sauter. Une sportive, à coup sûr.

Il se regardèrent à nouveau. Elle essaya de sourire.

— Tout va bien se passer, lança-t-elle. C'est un entraînement.

Le pont était à une distance de dix mètres. C'était quitte ou double. Un mètre. Elle plia les jambes et s'élança les bras tendus vers la prise qu'elle avait repérée. Teva Robinson se jeta à la même seconde et réussit à s'agripper d'une main au rebord détrempé. Un cri le fit se retourner alors qu'il jetait sa jambe droite sur la vire et la bloquait fermement. La femme avait dérapé en s'élançant et tombait maintenant au ralenti vers la rivière. Dans un réflexe de survie, elle saisit comme une tigresse le bras qui tenait Arrow. Les muscles du Maori se contractèrent à tout rompre. Il tenait sa sauveuse et son chien de son bras gauche, et sa main droite était en train de glisser sur le béton. C'était désespéré.

Tout d'un coup, une injonction.

— Tu ne dois jamais rien lâcher, m'entends-tu ?

Les paroles du sage sur la colline résonnèrent clairement dans son cerveau survolté. Il cria toute son énergie pour rester accroché au pont le plus longtemps possible. Une seconde de plus. Il allait lâcher.

— Tu ne lâches rien !

Bas les masques. Le visage de l'être immortel se manifesta devant lui.

Il sentit la jeune femme lui griffer le dos avec une force qu'il n'imaginait pas. La douleur l'électrisa. Ses doigts se plantèrent dans le béton et il ferma les yeux.

Le reste s'effaça de son souvenir. Il y eut un blanc dans le cours de sa vie.

La femme mit son pied nu sur le flanc droit de son compagnon d'infortune et se redressa sur sa jambe droite.

Se produisirent soudain des phénomènes incompréhensibles ; Teva Robinson n'entendit plus le tumulte du fleuve et apparut en quelques flashes et une demie seconde le 3000 mètres qu'il remporta lors du Festival olympique de la jeunesse européenne en juillet 2019 à Bakou en Azerbaïdjan. Il avait alors quatorze ans.

Dans le vacarme, la jeune femme attrapa le rebord du parapet et se hissa sur le pont.

Teva revit son concurrent direct à quelques mètres devant lui. Les cris du stade s'élevaient, assourdissants. Il allait "griller" son adversaire.

Agrippée d'une main au parapet du pont et penchée au-dessus de la rivière, elle tendit la main vers le chien.

Galvanisé, Teva Robinson se sentit pousser des ailes ! Et plus encore, il entendit distinctement une voix !

— Détends-toi. Tu vas gagner. Tu sens quelque chose qui pousse dans ton dos ?

La réalité venait de se déchirer. Il était un autre garçon. Abasourdi, il crut distinguer les deux parties du rideau pendre lamentablement.

— … !

— Tu vas gagner.

— Je vole !

— Fonce. La course de tes adversaires est imparfaite. Ils font des erreurs techniques.

— Je ...

Les secondes défilaient à un rythme effréné telles des flammes sur le point de mettre le feu aux poudres.

— Tes pas s'accélèrent et tes foulées s'allongent. Tu les sens ?

— J...

On le portait. Ses pieds touchaient à peine le sol, juste ce qu'il fallait pour accroître sa vitesse.

Dans un flash, il devina sans le voir le bassin de l'italien légèrement décalé sur la droite ainsi que sa tête. La confiance de Teva Robinson, elle, s'accrut. Il savait qu'il allait le dépasser. Il avait l'impression d'être tout à la fois spectateur et compétiteur. Il ne sentait plus ses jambes. Ses ailes le soulevèrent de quelques millimètres au-dessus du sol. Il était le seul témoin et le seul acteur. Quelque chose d'absolument incroyable était en train de se produire. Doubler Schultz fut une formalité.

— L'allemand est derrière. Allonge tes foulées maintenant, lança la voix.

Il plaça ses pieds avec précision en donnant l'influx nerveux maximum à la détente. Très lucide et concentré, il était à présent au niveau du belge, qui bataillait pour ne pas le laisser passer. Teva le souffla, avec quelle facilité, d'un coup d'aile. Il ne restait que quelques mètres avant la ligne d'arrivée.

— Dépêche-toi !

Se produisit alors un phénomène inattendu ; il fut projeté en avant. C'est une sensation de griserie extatique qui lui permit de contempler sa véritable identité. Il était cela ; un être aux pouvoirs insoupçonnés. Il était poussé au-delà de ses retranchements et déployait une force dont il ne se savait pas capable.

Il se retrouva par enchantement assis en tailleur au sommet du Dôme des Écrins, à 4000 mètres d'altitude, tout seul et envahi par une sensation de délassement. Jusqu'au-delà de l'horizon et sous un ciel d'une rare pureté, les nuages caressaient les montagnes qui s'enchaînaient sans fin.

Au milieu du silence, lui vinrent à nouveau à l'esprit les paroles de son entraîneur qui, plongeant ses pupilles dans les siennes, affirma un jour : « Tu n'as pas idée de ce que tu es. »

Les yeux fermés, Teva Robinson étendit les mains sur le côté en se gonflant d'air pur. Une indicible plénitude l'envahit.

Soudain, une voix retentit. Il aurait été surpris d'apprendre que la vision n'avait duré qu'une fraction de seconde.

— Maintenant !

Le cri le survolta. Il fut instantanément projeté sous le pont au-dessus de la rivière Bagmati à Katmandou tel un voyageur temporel sortant du néant, Arrow sous le bras. Le fleuve déchaîné explosa tout d'un coup dans un hurlement sans fin.

Il sentit que quelque chose soulevait le chien dans les airs. Il vit ensuite la jeune femme, accrochée de la main gauche au parapet du pont, jeter son protégé sur le trottoir, agripper sa veste puis le tirer jusqu'à elle en poussant un cri désespéré.

Il se sentit soulevé tandis que ses doigts, plantés dans le béton, semblaient d'acier. L'instant d'après il passait la jambe au-dessus du parapet puis le corps, haletant aux côtés de sa sauveteuse.

C'était fini. Il n'avait rien lâché.

Le cerveau ivre d'adrénaline, il tourna la tête vers un Arrow qui faisait sa toilette avec dédain comme si cette mésaventure n'était pas digne de lui. Ses yeux plongèrent ensuite dans ceux de la jeune femme. Il y vit le sourire d'une guerrière venant d'abattre une armée entière. Il émanait d'elle un indéfinissable quelque chose, une volonté farouche de vivre ou une envie impossible à décrire sur le moment. Le visage figé par l'excès de concentration, il eut du mal a revenir à la réalité et se rendit à peine compte que son improbable sauveuse venait de le sortir des griffes de la mort. Le fier Arrow lui, s'ébroua.

Les paroles du sage sur la colline lui revinrent à l'esprit.

— Et surtout garde bien en mémoire l'émotion que te procure la victoire.

Les secondes s'égrenèrent en faisant gonfler en lui l'impression d'être indestructible. Voilà pourquoi il s'entraînait. Pour vivre ces moments-là.

Sur le pont de Katmandou, en guise d'accueil, on les bouscula.

— Merci, souffla-t-il, ignorant le coup de coude que venait de lui donner un deuxième passant pressé et prenant son chien dans les bras.

— Merci à toi. J'arrive pas à croire ce qui vient de se passer. On a failli y rester.

Elle se tourna vers le ciel. Teva Robinson supposa qu'elle remerciait quelqu'un.

— J'ai pris une bonne assurance, au cas où.

— Ah. T'es drôle. Mon hôtel est un peu plus haut, face à l'endroit où tu t'es planté.

— On y va alors, non ?

— Si, répondit-elle un sourire sur les lèvres. Tu crois que je peux me promener en petite tenue dans les rues de Katmandou sans me faire arrêter ?

— Après ce qu'on vient de vivre, je trouverais ça plutôt rigolo.

À ce moment-là, se produisit un autre étrange phénomène. Il aurait juré que l'espace d'un instant, les sons et les couleurs de la ville s'harmonisèrent et que le charivari ambiant cessa. Il n'entendit plus le tumulte extérieur tant il était absorbé par l'assurance d'être inarrêtable mêlée au plaisir d'être en compagnie d'une belle et souriante jeune femme. Elle était mince, sportive, la poitrine haute et pleine comme une corbeille de fruits. Maintenant que la tension nerveuse avait fait place à un plus de sérénité, elle paraissait plus jeune. Ses yeux clairs le troublaient. Puis une voix lui parvint au travers d'une brume et sans que rien ne l'annonça, il fut brutalement sorti de sa rêverie.

— Dépêchons-nous ! (Il la regarda surpris.) On est censés prendre un taxi dans une heure.

Dans la rue et sur le perron de l'hôtel, l'étrange impression d'avoir croisé l'adolescente quelque part et de la connaître le saisirent tour à tour. Devant la porte, elle le fixa en plissant les yeux d'une drôle de façon. Encore un mystère qu'on élucidera un beau jour ou pas. La réceptionniste dévisagea sa cliente en se demandant s'il le règlement intérieur avait prévu le cas où elle serait à moitié nue. Elle lui tendit la clé à contre cœur. Dans l'ascenseur, Teva Robinson se tourna vers sa sauveuse. Sa manière de parler, sa voix ferme et douce à la fois, la force intérieure qui semblait l'habiter faisaient résonner quelque souvenir oublié. Savaient-ils que leurs deux regards étaient accrochés l'un à l'autre semblables à deux enfants perdus au milieu du monde ? Ainsi confinés, immobiles et silencieux au-delà de toute raison, ne leur parvenait d'autre bruit que le ronronnement mécanique. Sans doute était-ce l'épreuve qu'ils venaient de subir qui les poussa dans une telle contemplation.

L'ascenseur s'arrêta net brisant d'un coup un charme dont elle ne pouvait deviner ni l'origine ni l'intensité. Arrow regarda l'un et l'autre à tour de rôle. La fille se retourna et sortit. Sans un mot, elle introduisit la clé dans la serrure, ouvrit la porte et entra. Teva Robinson fit un pas en avant. Il resta interloqué.

La chambre était encombrée de sacs de montagne, tentes et piolets en tout genre et le lit couvert de pitons, mousquetons et autres broches à glace.

Ce n'est qu'une fois les cheveux séchés qu'elle ouvrit enfin la bouche. Il reconnut sa crinière de lionne et sursauta au moment où elle se retourna.

—Au fait, je m'appelle Sarah Weismer, annonça-t-elle.

Le chien cessa de se lécher et se redressa.

— J'ai connu une Sarah Weismer à Tahiti, il y a longtemps.

Nous y étions. La jeune femme à son tour s'immobilisa, le regard perdu dans le vide pendant quelques secondes. Il sut à ce moment que se tenait devant lui la petite fille qui avait fait chavirer son petit cœur d'enfant à Moorea. Elle était devenue cela alors, une magnifique adolescente qui survenait tout d'un coup à l'autre bout de la planète pour lui sauver la vie. Ce bout de femme ?

Il eut un vertige, le sourire de la grande Sarah se confondant avec celle de la petite. Son enfance surgissait tout d'un coup à travers le temps tel un ange salvateur. Son existence apparut alors comme un tissu magique révélant des connections et des liens.

Lui revinrent en mémoire les rêves récurrents où Naelys lui tendait la main. Il devinait sans comprendre qu'il existait une relation entre elle et Sarah Weismer. Quelle était-elle ? Les pièces d'un puzzle à la dimension de sa vie venaient de se rapprocher les unes des autres. Les événements commençaient à s'articuler et à former un tout encore incohérent.

— Teva Robinson. C'est pas vrai. Qu'est-ce que tu as fait tout ce temps ?

Qu'était-il censé faire à ce moment-là ? La serrer contre lui ? Lui faire la bise ?

— C'est incroyable de se retrouver ici, non ?

Il tordit lamentablement le pan de sa chemise trempée.

— Si. (Elle baissa la tête devant la tonne d'informations qu'ils avaient à échanger.) Écoute, le taxi va arriver mais on ne va pas se séparer tout de suite, hein ? On va tenter l'ascension du Nanga Parbat avec un groupe de copains.

Je comprends la confusion du jeune homme devant cette révélation. Le Nanga Parbat ! Ses oreilles se mirent à bourdonner. Défilait devant lui la procession d'événements récents, tous plus inattendus les uns que les autres. Il s'était rendu à Katmandou pour danser une sarabande échevelée et hallucinante au-dessus d'un fleuve en cru en compagnie de son ancien amour, une fille que rien ne semblait effrayer et qui se lançait à l'assaut de l'une des plus meurtrières montagnes du monde, le Nanga Parbat, un sommet qui hantait les nuits du jeune homme depuis des mois. Il se demandait s'il était en train de rêver, en état de transe ou seulement ébloui.

— Le Nanga Parbat. Rien que ça ?

Elle saisit son téléphone portable sur la table de chevet, s'approcha et lui montra une photo de la montagne mythique. Il la contempla en silence. L'un à côté de l'autre, il fut aussi impressionné par l'aura chaleureuse qui émanait de la jeune femme que par la montagne qui, ironisa-t-il mentalement, ressemblait quand même un peu à celle de son rêve.

— Tu veux nous attendre ici quelques temps ?

Il redressa les épaules. Son orgueil de sportif prit un coup dans l'aile. Il leva la main avec un petit sourire narquois au bord des lèvres et sans un mot, sortit son téléphone de sa poche étanche. Après quelques secondes où chacun se demanda si ce dernier avait survécu à la séance de rodéo sur le fleuve, Teva Robinson eut un soupir de soulagement en voyant les icônes apparaître. Il tapa son nom sur internet où apparurent le 3000 mètres qu'il remporta lors du Festival olympique de 2019 et ses exploits dans les Alpes suisses qui suivirent. La jeune femme eut une mimique d'admiration.

— Non, je n'attendrai pas. Je n'ai rien à faire dans cette ville, moi. J'étais venu méditer avec quelqu'un mais il y a eu un changement de plan.

— Tu es entraîné ? Lança-t-elle à brûle-pourpoint.

— Il y a suffisamment de pentes dans les Alpes et à Tahiti. Mais pourquoi tu me demandes ça ? C'est une invitation ?

Son cerveau d'alpiniste expérimenté se mit soudain à analyser la situation à une vitesse folle. C'était une invitation et il était au pied du mur. D'abord, et c'était le sujet principal, une visite de courtoisie à la montagne du Nanga Parbat s'imposait d'elle-même, ce qui serait facilité par le fait que Sarah semblait déjà la connaître. Restait à étudier la voie la plus praticable, faire la provision de nourriture et trouver le matériel nécessaire à une telle expédition. Rien ne devait être laissé au hasard. Le plus important dans la pratique d'un sport à risque est la marge de sécurité que l'on se laisse. Cette dernière varie en fonction de son entraînement, de sa condition physique et mentale. Teva Robinson, le regard dans le vide, était plongé en pleine discussion avec lui-même, passant en revue ses motivations et les raisons de sa présence ici.

Au même instant, la jeune femme avait les yeux pointés vers le sol, ce qui était son habitude lorsqu'elle se plongeait dans une réflexion. Une personne attentive aurait vu le temps se figer pareil à une vague suspendue au-dessus du surfeur. Arrow, interrogateur et les oreilles dressées, observait l'un puis l'autre tel un spectateur de tennis. Puis, ...

— Ça te dirait de nous accompagner jusqu'au camp de base, pour rigoler ? (Le jeune Maori sursauta puis ses paupières papillotèrent) Sur le chemin, on pourrait se raconter nos vies, annonça-t-elle sans préambule.

… la vague déferla.

Envahi à la fois par la sensation d'invulnérabilité et l'enthousiasme d'une nouvelle aventure, Teva Robinson resta songeur. Il considéra à nouveau un instant qu'il était tombé par hasard sur son amour d'enfance, qui désœuvrée, lui sauva la vie à des lieues de chez eux et pour couronner le tout, il n'avait plus rien à faire dans cette partie du monde mis à part discuter longuement avec cette femme magnifique tout en répondant à l'appel de drôles de rêves. Il se demanda si sa vie n'était pas orchestrée. Si oui, une question aurait dû lui brûler les neurones ; par qui et surtout dans quel but ? Ce n'est pas lui qui allait contrarier une telle entreprise et surtout, il voulait une réponse, vite car le temps jouait contre lui.

— Je vais y réfléchir. (il posa les doigts sur le front en fronçant les sourcils sur un ton humoristique) Ça y est. Je me suis bien concentré.

— Alors ? Sourit-elle.

— Il me manque un peu de matériel.

— Ça tombe bien, lança la jeune femme amusée par ses pitreries. On va faire un détour par le magasin de montagne. Ils ont flairé le bon coup ceux-là en s'installant à La Mecque des alpinistes. Mais avant toute chose, il faut trouver ton billet d'avion.

— J'en ai un pour Islamabad. Il décolle tout à l'heure.

— C'est certainement le même que nous. Il n'y a que deux vols pour Islamabad l'après-midi. De là, on prendra un deuxième avion pour Chilas, qui nous rapprochera de notre destination finale, fit-elle en soulevant des sourcils interrogateurs.

Le jeune Maori acquiesça d'un signe de tête et, inclinant la tête sur son portable, se mit à la recherche d'un vol.

Le museau dressé, Arrow fixait son compagnon humain avec attention quand soudain les pages apparurent.

— Bingo. Maintenant on veut un avion d'Islamabad à Chilas. Je vois deux vols pour aujourd'hui et plusieurs places, fit-il au bout d'un long moment, des étoiles dans la pupille.

Il est heureux de constater que la vie avance parfois sans heurt, fis-je remarquer à notre aventurier. Ce dernier ne sembla pas m'entendre et, les yeux fixes comme si Sarah Weismer était face à lui, il continua son dialogue.

— Ok. Prends-en une. Il faut aussi trouver une cage pour Arrow.

— J'en ai une à l'hôtel.

Les dés étaient jetés. En une seule journée, il aura visité un ashram, manqué périr dans une rivière en cru, retrouvé son amour d'enfance et parcouru près de mille huit cents kilomètres entre Katmandou et Chilas. Le jeune homme se rapprochait d'événements qui allaient bientôt le submerger et l'emporter vers un univers hors du commun. Ils se regardèrent, lui et Sarah Weismer, comprenant sans vouloir se l'avouer que leur vie venait de prendre un nouvel élan.

Soudain, on frappa à la porte. Arrow tourna brusquement la tête.

Chapitre 15

Entrèrent sans y être invités deux hommes d'une trentaine d'années qui restèrent ébahis et sans voix en regardant tour à tour l'adolescente à moitié nue et le gosse qui l'accompagnait.

— Tu peux toquer à la porte si le cœur t'en dit.
— Sarah ! L'un des deux réussit-il à dire. Que s'est-il passé ?
— Un contretemps, concéda-t-elle en saisissant sur l'étagère des affaires de rechange. Teva Robinson, Mike Safey, Dan Osborn.

Ils se saluèrent d'un mouvement du menton. Le Maori redressa le buste de façon imperceptible, un petit sourire au bord des lèvres.

La jeune femme se dirigea vers la salle de bain laissant les trois hommes se jauger du regard. Mike Safey était un grand blond et Dan Osborn, brun et plus petit. Ils étaient tous les deux minces et musclés.

— Il faut partir sans perdre de temps, commanda l'un d'eux.
— Tu me laisses deux minutes pour me rhabiller, tu veux bien ? Grommela Sarah Weismer en sortant la tête de la porte entrouverte.

— On vérifie ensemble le matos et on y va, ordonna l'homme en parlant plus fort de façon à ce que la jeune femme l'entende derrière la porte. Le taxi nous attend dans une demi-heure.

Elle réapparut en tee-shirt et pantalon d'escalade. Ils prirent le temps nécessaire pour s'assurer qu'ils avaient tout l'équipement pour faire l'ascension dans les meilleures conditions. Les broches à glace, les cordes et tout l'équipement d'escalade furent rangés méticuleusement dans les sacs. La pharmacie fut lentement inspectée et détaillée. Puis, une fois le lit fait et après quelques coups d'œil en coin jetés sur le dernier arrivant, on entendit une phrase peu aimable.

— Et lui, lança Mike Safey en désignant Teva Robinson du menton.

Ce dernier ouvrit la bouche pour répondre à l'air suffisant de l'alpiniste.

— Il vient avec nous, interrompit Sarah Weismer.

— Ce n'était pas prévu, ça.

— Les plans ont changé. C'est comme ça, affirma-t-elle en fouinant dans son sac. Au fait, reprit-elle, (Elle fit face à ses compagnons) il a le niveau.

Les deux hommes restèrent cloués sur place.

— Que s'est-il passé ? Tenta à nouveau de s'insurger Dan Osborn, le brun.

— Je te raconterai. Ne t'en fais pas.

Teva Robinson détailla Starsky et Hutch qui, habitués au caractère trempé de l'adolescente, baissèrent la tête, prirent leurs affaires et sortirent. Elle claqua la porte de la chambre derrière elle après avoir jeté un dernier coup d'œil à l'intérieur puis suivit ses acolytes vers l'ascenseur dans un cliquetis cacophonique de mousquetons.

● ● ●

L'odeur à l'intérieur du taxi était un criard mélange d'épice, de sueur et de poussière. On avait entassé les sacs pêle-mêle dans le coffre. Les fenêtres grandes ouvertes laissaient entrer les gaz nauséabonds et le bruit des moteurs mal réglés. La circulation, dense au départ devint vite pénible.

— Dépêchez-vous on va rater l'avion, vociféra Dan Osborn en français à l'adresse du chauffeur. Comment on dit ça en Népalais ?

— Hurry. We gonna miss the plane.

Le chauffeur gratifia la jeune femme d'un regard bienveillant dans le rétroviseur. Puis, tout d'un coup, se fut un concert de coups de klaxons. On ne pouvait ni avancer, ni tourner à droite ou à gauche. Ils étaient coincés dans un embouteillage. La tension montait.

— C'est pas vrai, grogna quelqu'un à l'arrière.

— We gonna miss the plane, entendit le népalais en même temps qu'il vit un billet de cent dollars sur son épaule.

Il jeta un coup d'œil entendu à la touriste, fourra l'effigie de Benjamin Franklin dans sa poche, enclencha la marche arrière, accrocha un pare-choc et se faufila dans une rue étroite en sens interdit en se faisant inonder d'injures. Ici, l'usage des clignotants était réservé aux auto-écoles. Le taxi passa sur le trottoir en renversant poubelles en plastique et piles de carton, et évita un vélo qui surgit soudain sur la gauche. Il accéléra sans égratigner les véhicules garés en double file. Soudain, un cri retentit dans l'habitacle.

— Le camion ! Euh truck ! Truck !

Le chauffeur jeta un coup d'œil à gauche en donnant un habile coup de volant, évita le camion poubelle, et frôla l'aile cabossée d'une voiture qui entamait une marche arrière. Sarah Weismer se retourna malgré elle en essayant de mesurer l'espace qui les avait séparés de l'accident.

— Il nous reste juste une demi-heure avant l'embarquement, vitupéra l'un des hommes, en ignorant la prouesse du népalais.

— Non, l'embarquement a déjà commencé. Tu nous as fait perdre du temps à choisir ton matériel, poursuivit l'autre à l'adresse du jeune Maori, ajoutant du même coup un peu plus de stress et de tension à la situation.

— On va y arriver. Répétait Sarah Weismer.

Ils se présentèrent au guichet d'embarquement dans un cliquetis de ferraille, transpirant et essoufflés.

— On ne vous attendait plus, lança l'hôtesse.

Les bagages furent enregistrés et Arrow, installé dans sa cage. À bord de l'Airbus A310, les quatre alpinistes, soulagés d'être là, soufflèrent sans dire un mot et apprécièrent l'atmosphère feutrée et les passagers, qui parlaient à voix basse. Sarah regarda ses compagnons puis passa le reste du temps à se tordre le cou, tentant d'observer ce qu'elle pouvait de la piste, de la ville et des montagnes autours. Après le roulage sur le taxiway et la période de stationnement, les moteurs se mirent à rugir. Alors que l'avion s'élançait sur la piste d'envol, Teva Robinson savoura le moment où son dos et sa tête se plaquèrent contre le dossier du fauteuil avec le sentiment qu'il quittait une ancienne vie pour ne plus revenir.

On survola bientôt Chilas qui d'en haut, apparaissait comme un morceau de civilisation oublié au milieu d'un désert montagneux. Puis on atterrit de façon un peu chaotique.

Alors qu'il suivait les autres passagers sur le tarmac pour embarquer à bord du deuxième avion, Teva Robinson se figea un instant en observant les conditions météorologiques. Le vent soufflait particulièrement fort. Était-il prudent de prendre ce vol ? Il passa outre aux avertissements que lui soufflait son instinct, gravit les marches et baissa la tête. À l'intérieur, une vingtaine de passagers était déjà assis et devisait à mi-voix. Les sourires bon enfant qui l'accueillirent et l'ambiance qui lui sembla plus conviviale que dans le précédent vol, lui firent oublier ses craintes. Sarah et ses acolytes installés, les moteurs démarrèrent d'un coup. Dès qu'ils furent en l'air, le coucou fut chahuté. On aurait dû entendre les pleurs et les jérémiades de ceux qui ne voulaient pas mourir mais au lieu de cela, à chaque violente secousse, chacun retenait sa respiration, le regard irrésistiblement dirigé vers le pilote que l'on voyait batailler sur son manche à balai. Pas un cri, pas un souffle trop fort. Tous les passagers étaient de tout cœur avec lui. Lorsqu'il se posa en douceur, un tonnerre d'applaudissement salua son exploit.

Ce stressant épisode ne fut pas le dernier.

Le trajet jusqu'au village de Tato se fit en Jeep. La végétation était totalement inexistante. La route semblait avoir été taillée à même la falaise, lévitant par moment au-dessus des à pics vertigineux et laissant le voyageur, à la fois fasciné et terrorisé, à la grâce de Dieu. Les blocs de granit, les pierriers lunaires et autres éboulis de rochers défilèrent pendant des heures avec la monotonie sauvage des grands espaces. Par moment, leur succédaient des lacets escarpés en épingles à cheveux où les véhicules tout terrains flirtaient dangereusement avec le vide et arrivaient par miracle à se croiser sans tomber dans l'abîme. Des ponts de bois vingt fois rafistolés survécurent par l'opération du saint esprit à leur passage en montrant aux sceptiques que la foi transcendait la loi de la gravité.

Arrivé sain et sauf à Tato, le groupe abandonna les véhicules et suivit un chemin de terre jusqu'à Fairy Meadows où un vrai lit les attendait dans l'un des hôtels du coin. Là, à proximité d'un petit lac naturel, s'épanouissaient conifères et feuillus. On s'étendit d'abord sur les lits et on souffla un long moment. Le chien fit le tour du propriétaire puis s'affala dans un coin pour une séance de toilettage. Cet endroit splendide invitait à la détente, une tasse de café ou de thé à portée de main. Pour Arrow, ce furent quelques croquettes. La journée tira à sa fin et, de la fenêtre de la chambre, tandis que la nuit tombait, la voie lactée se mit lentement à resplendir de mille diamants. Les esprits s'abandonnèrent alors à un sommeil sans rêve.

• • •

Le surlendemain, ils arrivaient au camp de base, d'où l'on pouvait admirer l'objet de leur voyage, le Nanga Parbat. Au pied de ce colosse de roches et de glace au sommet torturé, on se demandait par moment si cette aventure était raisonnable. La jeune femme à la chevelure abondante était obsédée, personne n'est parfait, par l'idée de gravir le Nanga Parbat, neuvième plus haut sommet du monde, une montagne sublime auréolée d'une atmosphère mystique et avec laquelle elle avait un rapport presque intime. Elle se sentait en forte symbiose avec Fairy, la divinité qui y habitait. Quand elle doutait de la voie à emprunter ou de la décision à prendre, elle s'isolait pour parler à Fairy et revenait sûre d'elle.

Oui, je sais, c'est bizarre. Mais vous allez pouvoir constater comme moi qu'il existe des lieux où l'étrange est plus admis qu'ailleurs et qu'il devient la norme.

Pour elle, le but ultime n'était pas d'atteindre le sommet mais de s'imprégner de l'ambiance de cet endroit unique, seule, et de rester vivante afin de revivre cette expérience à l'incomparable intensité. Elle se recueillait là, de la même manière que d'autres viennent prier au sein d'une cathédrale.

Elle avait tenté l'ascension du Nanga Parbat à deux reprises. La dernière fut la plus périlleuse. À trois cents mètres du sommet, du sang se mit à couler de sa bouche, signe d'œdème, ce dernier se déclenchant dix heures avant les premiers symptômes. Il était déjà trop tard car elle était allée au-delà de ses limites. Redescendre au plus vite était donc la priorité. Diminuée et essoufflée en plus d'être atteinte d'une toux signe d'irritation due à la présence de liquide dans les alvéoles pulmonaires, elle se fit une piqûre de dexaméthasone, un puissant corticoïde qui lui permit de retrouver des forces et de redescendre saine et sauve.

Une fille impressionnante, pensa Teva Robinson, en la détaillant du coin de l'œil. Une remarque qu'il avait retenue jusqu'ici lui brûlait les lèvres. Il la lâcha comme on libère un animal sauvage sans savoir ce qui allait se passer ensuite.

— Que viens-tu chercher ici ?

Elle le fixa un instant puis ses yeux se perdirent au-dessus des épaules du jeune homme, là où les forces violentes retenues à l'intérieur et sur les glaciers, reprenaient haleine. Elle aurait pu arguer qu'elle ne comprenait pas les humains, que vivre dans cette société et se soumettre au métro-boulot-dodo, qui était pour elle une nouvelle forme d'esclavage, lui semblait une folie suicidaire. Elle aurait pu lui révéler qu'elle était en quête d'elle-même ou d'un indéfinissable ailleurs, que quelque chose l'incitait à affronter les éléments et à repousser ses limites. En montagne, sa vie était plus intense et plus sereine à la fois car elle entrait en résonance avec elle-même et avec la nature. C'est là qu'elle se ressourçait, qu'elle ressentait une présence supérieure qui, même si elle la dépassait, communiquait avec elle. Bien sûr, elle aimait bavarder avec Teva Robinson alors que, leurs deux regards accrochés l'un à l'autre, lui revenaient des souvenirs d'enfance. Elle se sentait bien avec lui. Elle ouvrit la bouche pour lui livrer son cœur de femme mais au dernier moment, elle n'osa pas affranchir les mots.

— Je ne sais pas. Je le saurais quand j'aurais trouvé.

Ils passèrent ainsi de longs moments ensemble à l'écart du groupe mais à portée de voix, en se racontant leur vie. Ils pleuraient quand ils ne riaient pas, autant amoureux de la montagne que de la Polynésie, de sensations fortes que de moments de farniente. Les autres, près des tentes, leur jetaient des coups d'œil en coin et auraient juré qu'ils s'entendaient comme larrons en foire,

Soudain un cri au milieu du camp de base.

Chapitre 16

Tous les grimpeurs levèrent le menton au même moment.
— Fenêtre météo demain ! hurla Dan Osborn.
Sarah Weismer tourna vivement la tête vers le groupe trente mètres en contrebas. Un attroupement se forma autour de la table où trônait l'ordinateur.
La jeune femme arriva en courant.
— Pour combien de temps ? S'écria-t-elle en faisant se retourner les alpinistes pressés autour de l'ordinateur et qui lui barraient le passage.
— Quarante-huit heures, fit son compagnon en la gratifiant d'un sourire hérissé d'une barbe de trois jours.
Chacun considéra les autres dans un silence à faire craquer les séracs. Nul mouvement. Nul souffle.
— Tu permets ? Fit Sarah Weismer en poussant Dan Osborn. Le routeur vient de te l'envoyer ?
Elle s'installa devant l'ordinateur.
— À l'instant. Il a fait ses analyses. On lui avait demandé de nous les expédier toutes les six heures.

— Je sais ce qu'on lui avait demandé, Dan, grogna-t-elle, focalisée sur les cartes météorologiques.

Quand elle se renversa contre le dossier de la chaise pliante, un frisson absorba le silence. Les protagonistes s'observèrent en même temps qu'ils interrogèrent la montagne.

— Pour moi, c'est bon, commenta Mike Safey.

— Pour moi, c'est bon aussi, répéta son alter ego Dan Osborn.

Leur compagne s'efforça d'étouffer le silencieux tumulte qui la troublait.

— Sarah ?

Elle n'aurait su exprimer ce qui la faisait hésiter.

— C'est bon pour moi aussi, lâcha-t-elle de la même façon qu'on se suspend au-dessus du vide.

Puis se furent des préparatifs calmes et silencieux durant lesquels ont vérifia broches à glace et cordages.

— T'as quoi dans ton sac à dos ? S'enquit Marc Spenzer, un grand sec, les traits du visage taillés à la machette, qui avait réalisé son ascension et qui n'avait rien d'autre à faire que s'occuper des affaires des autres.

— Ça, c'est mon assurance vie mon gars, répondit crânement Mike Safey, mon parapente.

— T'es fou, jugea Spenzer. Tu ne vas jamais réussir à gonfler ce machin-là avec le jet stream. Je t'assure qu'il souffle fort. Tu vas juste t'épuiser à monter quelques kilos supplémentaires comme s'il fallait corser un peu plus la difficulté.

Mike Safey jeta un bref regard désapprobateur à l'alpiniste indiscret et se concentra à nouveau sur son travail.

— Je te prierais de garder tes avis pour toi, mon cher Spenzer, assena-t-il nerveusement en regardant son vis-à-vis du coin de l'œil. Je prendrai le temps qu'il faudra mais je gonflerai ma voile.

Sans prêter attention à la remarque invasive de Spenzer, Sarah Weismer boucla son sac d'un mouvement ferme sous l'œil circonspect de Teva Robinson. Son geste se figea un instant. Elle hésita puis ouvrit la bouche.

— Je pense qu'il y a une porte là-haut, révéla-t-elle en se tournant vers le Maori.

La pupille du jeune homme tressaillit. Il aurait esquissé un sourire devant l'évocation surréaliste d'un passage ouvrant sur on ne sait quoi, s'il avait été ailleurs que dans un lieu poussant plus au mysticisme qu'à la réflexion rationnelle.

— Une porte au sommet de la montagne ! S'étonna-t-il.

— Fairy me la montrera le moment venu, affirma la jeune femme. Je ne me fais pas de soucis. Elle m'aide et me guide.

Teva Robinson ne sut pas s'il fallait éclater de rire ou juste se taire. Il ne réussit pas à s'esclaffer, alors il choisit la deuxième option.

— Tu en es … ?

— Chacun de nous, divinité ou pas, est là pour aider quelqu'un d'autre, ajouta son amie d'enfance. Après ce qui s'est passé à Katmandou, tu n'en es pas encore persuadé ?

— Ou pour lui mettre des bâtons dans les roues, interrompit Spenzer.

Sarah Weismer ne souffla mot hésitant entre répondre sèchement au pot de colle ou arrondir les angles en tentant d'être pédagogue.

— Oui, mais au bout du compte, tu le sais toi qui a déjà vécu, les difficultés traversées et affrontées apparaîtront plus tard semblables à des marchepieds qui te permettront de faire un bond en avant. Tu as remarqué d'ailleurs que celles que tu as déjà rencontrées t'ont permis de repousser tes limites, tempéra-t-elle calmement.

— Pardon, je ne voudrais pas te bousculer dans tes convictions, rétorqua Marc Spenzer, monsieur-j'en-sais-plus-que-les-autres, mais moi je crois pas à ce genre de truc.

— Tu m'en vois désolée.

— Ce sont des histoires de …

— Ça suffit maintenant Spenzer, assena la jeune femme.

Le type resta sans voix devant l'injonction.

Quelqu'un, impressionné par la réaction de Sarah Weismer, susurra un mot.

— OK,

— Bon, il faut que j'y aille, conclut-elle avec un regard provocateur et l'assurance d'une femme qui ne s'embarrasse pas de ce que peuvent penser les autres. Je vais chanter pour Fairy avant l'ascension de demain

Le pot de colle retint une remarque désobligeante.

Dans le lointain, on entendit bientôt un son nasillard caractéristique du chant polyphonique cher aux moines bouddhistes et à ceux qui disent communiquer avec les déités éternelles. Pendant une longue minute, toutes les oreilles se tournèrent vers le son insolite et envoûtant qui eut pour seul écho le craquement du glacier.

— Bon, nous on part demain à la première heure, lança brusquement Dan Osborn, en provoquant un frémissement dans les esprits.

— On veut boucler l'affaire dans la journée, enchaîna Mike Safey.

Ce dernier jeta un coup d'œil à son compagnon d'escalade. On échangea des regards et des interrogations silencieuses mais personne ne releva le côté présomptueux de sa réplique.

— Bonne nuit, les gars.

— OK.

Les deux compères se levèrent pour leur dernière nuit.

Le mode d'escalade adopté par ces alpinistes et plus pratiqué dans l'Himalaya que dans les Alpes, consistait à ne pas s'encorder. Ils avaient pour principe d'être les seuls responsables de leur ascension, leurs compagnons de cordée n'ayant pas à payer pour leurs erreurs techniques.

Mike Safey, Dan Osborn et Sarah Weismer partirent donc le lendemain matin avant le lever du jour. Les yeux se tournèrent vers la Voie Lactée aux millions d'éclats, qui traversait le ciel du nord au sud. Le craquement des chaussures sur la glace vive se perdit progressivement dans la nuit à mesure que les alpinistes s'éloignaient puis le silence s'installa, pur et limpide.

Teva Robinson s'éveilla deux heures après leur départ alors que l'aube blanchissait l'horizon à l'est. Pendant que l'eau du café chauffait, il observa le dernier croissant de lune, l'air cristallin et les montagnes qui semblaient encore endormies. Puis un bruit ténu et lointain brouilla le silence. Le vent descendant de la montagne apportait un cliquetis métallique. L'on vit ensuite la lumière d'une lampe frontale se rapprochant en zigzagant et dispersant les derniers lambeaux de la nuit. Il ne fut pas long à distinguer la doudoune rouge de Sarah Weismer, toute seule. La voyant avancer péniblement, il se chaussa et partit à sa rencontre sous le regard distant de son compagnon à quatre pattes.

— Que s'est-il passé ?

Ils étaient à deux mètres l'un de l'autre. Elle releva la tête.

— J'ai décroché, grimaça-t-elle dépitée. Un accident stupide. Je m'en veux.

Le jeune homme fit un pas en avant, plongea dans la pupille de sa compagne et réalisant que la situation aurait pu être pire, laissa échapper une tirade de stoïcien.

— Essaye de voir le côté positif. Tu peux encore marcher.

Elle baissa la tête vers le sol.

— T'as raison. C'est juste une foulure sans gravité. Je reprendrai ça demain, affirma-t-elle en tournant le regard vers le sommet qui rosissait.

Teva Robinson se mordit la langue. Escalader cette montagne avec une foulure de la cheville serait pure folie. Il n'ouvrit la bouche.

Les premières lueurs du jour pointèrent sur les sommets environnants. Sarah Weismer, moins bougonne que tout à l'heure, tenait une tasse de thé fumant d'une main et quelques biscuits chocolatés de l'autre. La vie était belle finalement et si la montagne ne voulait pas d'elle, c'est qu'il y avait une raison. Elle se trouvait sur les pentes du Nanga Parbat et dans une certaine mesure, cela lui suffisait.

— Je suis sûre que cette expédition n'était pas prévue à ton programme, lâcha-t-elle avant de mordre dans un biscuit.

Teva Robinson dévisagea son amie avec un léger sourire au bord des lèvres et repensa à ses rêves, à la réponse du sage immortel lorsqu'il lui fit la même remarque et aux longues courses dans les Alpes où il devint un soliste aguerri.

— Un jour je te raconterai toute l'histoire (il détailla chaque partie de son visage), Sarah Weismer.

Elle rit à l'écoute de son nom.

— Sarah, tu m'entends ?

La voix grésillante de Mike Safey lui fit retrouver son sérieux. Elle se jeta sur la radio.

— Oui, Mike. Tout va bien ?
— Oui. Tu es arrivée ?
— Oui. Ça va mieux.
— On arrive au deuxième sérac. Terminé.
— OK, Terminé.

Ce fut leur dernier contact radio. Les heures tournèrent ensuite pareilles à une vis sans fin jusqu'à la nuit mais ils ne reçurent plus d'appel de Mike Safey et Dan Osborn. Le lendemain vit les montagnards du camp de base rassemblés autour de Sarah Weismer.

— On n'a aucune nouvelle d'eux, regretta cette dernière, une tasse de thé à la main. Il a dû se passer quelque chose. (Les hommes gardèrent les lèvres serrées.) Qu'est-ce qu'on fait ? S'énerva la jeune femme au bout de quelques secondes. On attend qu'ils nous joignent ou on va les chercher ?

— Ils ont peut-être une panne radio, lança quelqu'un sans conviction.

Personne ne releva la remarque. Après un long moment, l'alpiniste espagnol Alejandro Porcari, un grand mince aux cheveux mi-longs bouclés, prit la parole.

— Tu veux y aller avec ta patte folle ?

— Et pourquoi pas ? Éructa-t-elle. (Les pentes vertigineuses du Nanga Parbat s'offrirent à sa vue lorsqu'elle tourna le regard vers sa cheville.) Bon d'accord. Non.

Sa voix avait baissé de deux tons. Le regard fuyant des autres révélait leur manque de préparation face à l'éventualité de lancer une expédition de secours. Il fallait étudier les prévisions météorologiques, la voie qu'ils avaient empruntée et tout le reste. Teva Robinson restait là, immobile et sans voix, examinant les pentes du Nanga Parbat comme s'il attendait quelque manifestation. Le chien lui jeta un regard en coin puis reprit sa toilette.

• • •

Le soir, il posa bruyamment son sac à dos à ses pieds. Personne ne s'était proposé pour l'accompagner, ce qui ne semblait pas l'indisposer particulièrement.

— Arrow, toi tu restes là avec Sarah. Tu comprends ? C'est trop dangereux là-haut pour un chien.

Le border collie leva le museau vers son compagnon, qui pointait son index vers le sol. Il sentait par ce geste qu'il devait rester avec la jeune femme mais on eut cru qu'il demandait à l'homme ce qu'il allait chercher dans un endroit pareil.

— Teva, interrompit sa compagne en se mordant la lèvre inférieure.

Elle aurait voulu exprimer ses craintes mais chez les montagnards, on ne s'oppose pas à un exploit quand il est bien préparé. Au lieu d'ouvrir la bouche, elle appuya sur le bouton d'appel de la radio qu'elle tenait à la main pour s'assurer que celle-ci fonctionnait et qu'ils restaient en contact. Celle de Teva Robinson lui répondit. Ils échangèrent un bref regard gêné.

— C'est pour trouver la réponse à une question. Ne t'en fais pas. Je sais ce que je fais. J'ai ma marge de sécurité, précisa-t-il en tapotant sur ses réserves d'oxygène, et de toute façon, je n'ai pas le choix.

Sarah Weismer redressa insensiblement le menton. Elle ouvrit la bouche une deuxième fois mais se ravisa. En tant que sportive, elle savait exactement, ou croyait savoir, ce qui le stimulait.

Elle ignorait à n'en pas douter la promesse récurrente dans les rêves du jeune homme et les silencieux tourments qu'elle avait déclenchés : « Viens avec moi. Je te montrerai un trésor au fond de toi et les pouvoirs qu'il recèle. »

Le départ se fit le lendemain à la lueur des torches. Un dernier signe de la main et la nuit avala le jeune homme. Après deux heures de marche lente, les toiles de tente du camp de base apparurent tout en bas à l'aube naissante. Seul au milieu de nulle part, il était dans son élément. Il retrouvait ses sensations à la fois excitantes et exaltantes. L'altitude réveillait ses sens et ses perceptions extrasensorielles. S'arrêtant par moments, il écoutait les murmures et les sifflements, les avertissements et les autorisations de passage.

Lui vint peu à peu à l'esprit que ce qui se manifestait autour de lui était différent des Alpes. Il régnait ici une autre atmosphère.

Les chuchotements n'avaient pas le même accent ni la même portée. Une sensation s'imposa lentement à lui. Pas de voix, non, juste un étrange sentiment semblable à une conviction, celle d'être bousculé vers le haut. Il savait que tel rocher qui lui était bizarrement familier et évoquait un cairn était en fait un leurre, alors que tel autre sérac qu'il n'avait jamais contemplé, lui confirmait qu'il était sur la bonne voie.

Soudain, le crachotis de la radio fractura le calme ambiant.

— Teva, tu me reçois ?

Il porta la main à la bretelle de son sac à dos.

— Oui, Sarah. Je te reçois cinq sur cinq.

— Ça va ?

— Oui. Tout va bien. Je ne traîne pas. Terminé.

— OK. Terminé.

La voix de la jeune femme lui donna un regain de courage. Il prit le glacier du Diama sur le versant Diamir, plus facile mais plus long. Vers 7000 m, il bifurquerait vers la voie Kinshofer, une zone de rochers et de glace jusqu'à atteindre les 7200 m. À partir de là, il s'engagerait sur l'arête sommitale.

Son ascension apparut bientôt semblable à une quête enragée. J'aurais voulu comprendre la véritable urgence qui l'animait et la fièvre qui le poussait en avant.

Son mode de vie occidental s'effaçait de sa mémoire à mesure qu'il avançait dans ce labyrinthe de glace et de roches. Le seul monde réel était celui où il évoluait à ce moment-là comme s'il avait toujours été là. Immergé dans l'instant présent, il avait l'esprit clair comme débarrassé de filtres opaques et de lentilles déformantes. Cette sensation à la fois grisante et apaisante le rendait plus sûr de lui et ravivait ses forces. Il se savait le potentiel mental et physique pour arriver en haut.

Une singulière pensée s'insinua sournoisement dans son esprit ; atteindre le sommet n'était pas seulement dictée par la volonté de secourir deux alpinistes, mais un devoir envers la montagne. Prêtant peu attention à cette idée farfelue, il leva le nez vers le ciel et observa l'évolution météorologique. Elle était peu engageante. Il avait besoin d'une confirmation.

— Sarah ?

La voix grésillante ne tarda pas à se faire entendre.

— Oui Teva, je t'écoute.

— Je vois des altocumulus au-dessus de moi. As-tu les dernières prévisions météo ?

— Oui. Beau temps au cours des vingt-quatre prochaines heures puis formations nuageuses.

— OK. Merci.

— OK. Terminé.

Il fallait accélérer. Le temps pressait. Le masque à oxygène sur le nez, il ne ressentait ni fatigue ni maux de tête et savait qu'il allait battre son propre record de vitesse.

Les heures passant au milieu de ce spectacle fantastique, il appréhendait à présent son environnement d'une manière différente. Il avait le sentiment de suivre une voie connue ou plutôt que quelque chose lui indiquait ce qu'il devait faire et où il devait aller. Quelque chose ? Un sixième sens ? L'évidence lui explosa en plein visage. Un guide ! Non, ce n'était pas possible !

Fairy !

La prétendue divinité habitant ce lieu désolé existait donc et elle communiquait avec lui !

Pourquoi ? Dans quel but ? Comment était-ce possible ? Était-ce vraiment elle qui se manifestait ou autre chose ? N'était-ce pas plutôt un être bienveillant ? L'idée lui vint d'un coup.

Le sage sur la colline !

L'image de la divine Fairy se confondit alors avec celle de l'être immortel de ses séances d'hypnose. Ce n'était pas simplement un sage. Elle était lui. Il était elle. Ils étaient tous les deux à ses côtés et le protégeaient.

Je vous l'ai dit ; la raison n'a pas droit de cité entre ces hautes tours. Ces dernières transcendent les humains et les rapprochent plus de l'ineffable et de l'imperceptible que du rationnel.

Alors qu'il redoublait d'effort, il était moins essoufflé et fait plus surprenant encore, il avait davantage d'énergie. Il n'avait aucune explication cartésienne à cela.

À l'approche du camp III, les crampons plantés sur une pente à près de quatre-vingt degrés d'inclinaison, se produisit un fait qui eut la couleur et la saveur d'une récompense après les efforts surhumains qu'il avait consentis.

Devant ses yeux ébahis, se manifestèrent des entités féminines volant avec désinvolture au-dessus de lui dans des voiles semi transparentes, en lui enseignant au milieu du silence immobile toutes les leçons dont il avait besoin au cours de cette vie. Oubliés les obstacles de la montée, la fatigue et le froid, la faim et la soif. Un pur moment extatique. Saoulé de lumière comme s'il avait marché des jours dans la montagne, où la folie défie la raison mais où les divinités immortelles ne sont plus des leurres, il s'enivrait de richesses que bien des esprits avisés n'osent convoiter.

Le craquement de son pas le ramena à la réalité et il contempla à nouveau les fuyantes de la paroi glacée sous ses pieds. Les nuages en contrebas et au-dessus ainsi que le vent matérialisé par les envolées neigeuses lui indiquaient qu'il n'y avait pas de danger imminent. Même si la journée ne tirait pas encore à sa fin, il n'allait pas présumer de ses forces et c'est là, au camp III, qu'il allait poser son sac pour la nuit. Une question jaillit dans son esprit. Était-ce lui qui avait pris la décision ou lui avait-on désigné l'endroit ?

Revivant le récit exalté et les émotions de mon ami, un soudain courant d'air simulant la gifle glacée du jet stream au sommet de l'Himalaya emporte des papiers. Je sursaute en entendant une palme de cocotier tomber lourdement sur mon toit en taule et me retrouve, surpris, devant mon bureau faiblement éclairé dans la douceur nocturne de Moorea. Sur ma gauche, des feuilles de papier traînent en désordre par terre. Puis, tapant sur le clavier de mon ordinateur, je suis à nouveau emporté tel un fétu de paille par le souvenir précis des paroles de Teva Robinson. Je n'entends plus le bruit des vagues sur le récif de la baie de Pao Pao, couvert par le chant des vents d'altitude et ceux d'entités que l'on a peine à croire réelles. Il fait chaud et pourtant je frissonne. Je ne suis plus en Polynésie. La lumière, les sons et la température sont celles des hautes montagnes. Je lève les yeux de mon écran et devant moi, ébahi, apparaissent alors les arêtes statufiées du Nanga Parbat et résonne le hurlement des cimes comme si j'y étais. Je suis fasciné. Perdu au centre de ce paysage dantesque, je vois le jeune Maori reprendre son ascension au petit jour, les muscles gourds et la fatigue plus oppressante.

Mike Safey et Dan Osborn étaient là-haut. Ils attendaient probablement de l'aide. Le sommet était à quelques centaines de mètres. Encore un effort. Puis un autre. Il s'arrêtait de longues minutes pour reprendre son souffle. Avançait de trois petits pas. Il se souvint de la longue conversation qu'il eut avec l'être immortel de ses séances d'hypnose sur le plus haut sommet de Moorea.

— Garde bien ceci à l'esprit ; celui qui réussit n'abandonne pas. Tu ne dois jamais rien lâcher. Quand les difficultés s'amoncellent, tu sais que tu touches au but.

Les paroles tintèrent dans sa tête.

Sous ses pieds, s'étiraient les lignes fuyantes du vide abyssal. Le moindre faux pas aurait été fatal. Ne pas regarder en bas. Se concentrer sur l'instant présent et sur les bons gestes. Il se souvint de l'hexagramme du samouraï, l'un des paragraphes du yi-king, le livre divinatoire de la Chine antique, où l'on décrit la chute d'un oisillon expulsé de son nid. Ce dernier devait contrôler sa terreur, ne pas paniquer et apprendre à voler avant de toucher le sol. Les samouraïs suivaient un entraînement rigoureux pour les amener à dépasser leur peur et de ce fait, acquérir une meilleure connaissance d'eux-mêmes.

Tel était l'exercice auquel Teva Robinson, suspendu au-dessus de l'abîme, se livrait. Il s'arrêta à nouveau pour la centième fois et cette fois-ci, il avança de quatre pas. De défis en moments de désespoir, d'efforts en sentiments de victoire, le sommet apparut à quelque cent mètres.

Il le narguait.

Puis vint le moment où seul le bleu profond du ciel s'étendait au-dessus de lui tandis que sous ses pieds s'étalaient les sommets courtisés par des nuées lascives. Il était en haut. Ce fut d'abord l'enchantement et l'on crut entendre la prière des plus chanceux, ceux à qui l'on autorisa l'accès à la montagne du Nanga Parbat. Alors qu'un tapi de poudre blanche se déroulait sous ses pieds, la sensation de planer au-dessus du vide et de perdre l'équilibre le saisirent tour à tour. Puis, assailli par une impression de déjà-vu, il se rappela avoir vécu la même scène dans ses rêves.

Où étaient ses compagnons ? Pour tout accueil, il n'eut que le sifflement du vent glacé et dans un coin abrité, la vue d'un paquet abandonné. Il lui fallut peu de temps avant de comprendre. Ici, l'on contemplait des papillons de lumière s'élever dans un tourbillon en même temps que les rires de ceux qui ne sont plus. Mike Safey et Dan Osborn n'étaient plus là. Que s'était-il passé ?

— Sarah, tu me reçois ?

Il n'attendit que quelques secondes.

— Oui, Teva, je te reçois trois sur cinq.

— Je suis au sommet. Mike et Dan sont ...trouvables. Il a dû se ... quelque chose.

La réception était mauvaise. Elle lui fit répéter.

— Tu es au sommet ?
— Affirm.
— Mike et Dan ?
— Négatif. Ils ne sont pas ici. Tu me reçois ?
— Affirm. Ils ne sont pas avec toi.
— Affirm.

Partagée entre la joie de son exploit et l'absence de nouvelles de ses acolytes, Sarah Weismer ne sut comment réagir.

— Je savais que tu réussirais Teva. Bravo. La nuit va bientôt tomber. Tu t'installes là-haut ?
— Je préfère pas. Je descends au camp IV.
— Bien reçu. Terminé.
— Terminé.

Il raccrocha la radio à son sac. Pas le temps de tergiverser ou de bavarder. Une seule pensée lui traversa l'esprit. Une idée fixe ; Rester vivant.

— Elle est où la porte ? Cri a-t-il en jetant un regard circulaire autour de lui.

Un rayon de soleil fit s'animer milles facettes de glace sur le paquet qui avait attiré son attention tout à l'heure. Un sac à dos. Le vent et la nuit tombaient en même temps. Le fond de la vallée, quelque mille mètres plus bas était déjà dans l'ombre, et les sommets, inondés de lumière pour une vingtaine de minutes encore. Le temps lui manquait. S'il restait là-haut cette nuit, il allait y rester pour toujours. Ivre et épuisé, il eut envie de s'asseoir sur la glace et de dormir. Puis, deux petites images remuantes dans sa tête, celle de Sarah Weismer et de son chien Arrow, s'insurgèrent. Il devait se battre pour eux et il fallait redescendre.

Tout de suite !

Alors qu'il envisageait de suivre ses propres traces, il s'immobilisa tout d'un coup. Le sage au fond de lui sourit.

— Les oiseaux rouges ! S'exclama-t-il les yeux rivés tour à tour sur un point invisible dans le ciel puis sur le paquet que le vent menaçait de balayer.

Les oiseaux rouges dans son rêve avec Naelys n'étaient pas des oiseaux. Il se jeta au pied du sac de Mike Safey à présent partiellement enseveli sous une congère, fouilla frénétiquement à l'intérieur, sortit quantité d'objets, sans intérêt à présent, puis il suspendit son geste. Il avait trouvé ce qu'il cherchait. Ses lèvres gercées s'étirèrent dans un sourire.

Il étendit les voiles rouges et jaunes du parapente sur le sol et posa des blocs de glace dessus pour éviter que le vent ne s'engouffre trop tôt. Même confronté à la fatigue et aux mauvaises conditions météorologiques, il était concentré, n'ayant d'autre choix que d'affronter les éléments et d'aller jusqu'au bout de lui-même. Son cerveau fonctionnait à une vitesse folle. Il aimait ces moments où son potentiel était sollicité et fusait ainsi. Les paroles du sage sur la colline surgirent en flashes dans sa tête.

— Un petit pas après l'autre. Garde cet état d'esprit victorieux. N'abandonne jamais.

La faible densité de l'air rendait le décollage difficile. Il fallait agir calmement et être parfaitement focalisé de façon à ne pas avoir à vérifier les procédures plusieurs fois. Il n'y avait pas un instant à perdre, seulement composer avec le temps comme s'il jouait une partie d'échecs où la peur le poussait à l'excellence. S'il restait calme et concentré, il savait qu'il avait une chance. Pas de geste inutile. Une seule pensée à la fois.

La nuit allait tomber. Il fallait se dépêcher.

Alors qu'il enfilait le harnais, quelques brèves paroles s'échappèrent de sa bouche. Inutile de perdre un temps précieux à palabrer.

— On va s'en sortir.

Ce qu'il vit ensuite le fit tressauter. Une femme de dos se tenait devant lui, face à la pente vertigineuse et prête à prendre son envol. Naelys ! La fille de son rêve et de sa séance d'hypnose ! Il aurait juré entendre ses paroles.

— Prends ma main. Je te montrerai un trésor au fond de toi.

Un trésor ? Ce n'était pas le moment ! La vision s'évanouit à l'instant où il observa les alentours. Il était seul. Seul au sommet de l'Himalaya au milieu d'un endroit où il ne pouvait traîner. Il fallait décoller. Il polarisa à nouveau son attention sur les préparatifs.

Le vent soufflait pleine face à quelques vingt-cinq kilomètres heures. C'était limite trop fort mais il ne faiblirait pas plus. Il fallait tenter le coup. Maintenant ! Une force en lui, dont j'ignorai encore la nature, l'électrisait. Dès qu'il fit un premier pas en avant, la voile s'éleva et l'oreille droite du parapente s'écrasa sur le sol, manquant de se déchirer sur un rocher. L'alpiniste réussit à la stabiliser.

Après un soupir de soulagement, il se pencha en avant, porta tout son poids vers la vallée en tirant sur les freins pour éviter que le parapente ne le dépasse en s'élevant. Lorsque la voile se gonfla derrière lui dans un délicieux claquement, il se mit à courir aussi vite qu'il le pouvait. Il sentit une résistance vers l'arrière. Allait-elle le porter et le ramener vivant auprès de ceux qu'il aimait ?

C'est maintenant Teva, pensa-t-il en faisant un dernier pas de géant.

Un moment d'incertitude. Allait-il tomber dans le gouffre ?

Puis le soulagement. La voile, suspendue au-dessus du vide, était parfaitement gonflée et l'air sifflait à ses oreilles de manière continue.

Il volait !

Point de cri de victoire mais un sourire sur les lèvres. Il s'en sortait à bon compte, estima-t-il en soupirant d'aise. Le sommet du Nanga Parbat lui, s'éloignait et le parapente survolait bientôt les camps IV puis III cachés derrière des lambeaux de brume.

Son exaltation dépassa son inquiétude. Exquise était la saveur de planer au-dessus des éléments dans un milieu surréaliste à trois dimensions où le sentiment de liberté l'emportait sur les peurs et où plus rien n'avait d'importance que le moment présent. Son univers était magique.

Une secousse le sortit de sa contemplation en effaçant son sourire béat. Peu rassuré, il leva la tête pour vérifier l'état des suspentes et de la voile.

Bon. Tout semblait en ordre.

Il fallait penser à l'atterrissage à présent. Il avait le choix entre Tarashing, un village situé au Pakistan à deux mille neuf cents mètres d'altitude, où il n'avait rien à faire et le camp de base à six mille neuf cents mètres, où l'attendaient Arrow et Sarah. Étrange de se voir proposer deux choix pareils. Il fallait probablement mettre ce genre de réflexion sur le compte de la fatigue et de la solitude. Il opta, fort heureusement du reste, pour le camp de base.

Tout d'un coup, le variomètre s'affola. Il était au milieu d'un fort thermique ascendant. Se retournant, il constata qu'il était plus haut que le Nanga Parbat. L'altimètre indiquait qu'il approchait des huit mille cinq cents mètres. Son pouls s'accéléra. Il s'était endormi ou quoi ? Il fallait descendre d'urgence.

Les lèvres entre les dents, il amorça immédiatement un virage serré à trois cent soixante degrés pour accélérer la descente. Les bips du variomètre s'espacèrent et devinrent moins aigus. Il tourna la tête de côté mais ce ne fut que pour constater avec effroi qu'une mer de nuages envahissait la vallée et que la nuit s'installait. Impossible de distinguer le camp III.

Tout en bas, Sarah Weismer s'éloignait du camp de base d'un pas mal assuré et la cheville douloureuse en compagnie de son petit protégé à la robe tigré. Aucun signe de vie de Dan Osborn et

Mike Safey. Teva Robinson était en train de descendre vers le camp IV dans le froid et l'obscurité. Elle se forçait à penser qu'ils allaient bien tous les trois. Loin d'elle l'idée qu'un drame se déroulait au-dessus de sa tête. Elle s'assit en tailleur et se rendit soudain compte que Arrow la fixait d'une drôle de manière. Elle aurait juré qu'il essayait d'entrer en contact avec elle. Ignorant le chien, elle commença l'un de ses passe-temps favoris quand la rage de ne pas pouvoir agir se faisait trop forte et que ses cordes vocales demandaient à vibrer. Lorsqu'elle se mit à chanter, Arrow leva un sourcil puis observa un point immobile devant lui. Méditait-il ? Était-il toujours là ou en communication avec quelque force supérieure ?

Tout là-haut au même instant, Teva Robinson accentuait son virage à trois cent soixante degrés pour descendre plus vite.

Maintenant, il fallait calculer. Il était à peu près à mille mètres au-dessus du camp de base. En descendant à deux mètres seconde il atterrirait dans … Il n'arrivait pas à calculer. Il devait se calmer. Deux fois soixante secondes donnaient cent vingt mètres par minute. Il pouvait être en bas dans dix minutes.

Il crut voir le sol durant un bref moment à une vingtaine de mètres sous ses pieds. Mais la glace sur ses lunettes devait l'abuser. Il se débarrassa de ces dernières d'un geste brusque. Ses yeux s'embuèrent. Il n'y voyait plus rien à présent et il évoluait sans aucun repère. Sa respiration se fit haletante et sifflante. S'il freinait trop tôt, le parapente ne le porterait plus et une pierre ne tomberait pas plus lourdement que lui. S'il freinait trop tard, c'était le crash mortel. Ses mains se mirent à trembler. Il vivait peut-être ses derniers instants. L'air entra dans ses poumons pour exprimer quelque chose. Quoi ? Il n'en avait aucune idée. Il sortit d'un coup en un long cri désespéré qui sauta de sa gorge pareil à une supplique. Son dernier recours.

— Fairy !

Le cri dans son rêve. Il approchait rapidement du sol dans une purée de pois grise, informe et hallucinatoire. Passé l'étonnement d'avoir invoqué la déesse et à travers elle, l'être immortel de ses séances d'hypnose, il crut que quelque chose frôla son visage, ou était-ce juste le vent glacé ? Pas le temps d'y réfléchir.

— Le camp de base, répéta-t-il dans un murmure alors qu'il plongeait inexorablement vers les rochers. Montre-moi le camp de base.

D'un seul coup, la nuée se déchira en deux le temps de dire : « ouf ! » et derrière le voile nocturne, les tentes colorées du camp de base apparurent à quelques centaines de mètres, délicieusement structurées et rassurantes. Ses yeux papillotèrent d'étonnement devant la vision. Elles étaient droit devant ! Il avait le temps de faire un virage pour se rendre compte de la direction du vent. Puis se fut à nouveau le gris total et épais. Les secondes défilèrent.

Il crut que ses oreilles le trompaient lorsqu'il entendit un chant à un jet de pierre en dessous et comprit en un bref instant que cela aussi était réel. Il était tout près du sol. Lorsque la voix féminine devint plus distincte, il sut que c'était le moment.

Trop tôt ! Trop haut ! Crut-il percevoir.

Il tira malgré tout sur les freins jusqu'aux genoux.

La tension nerveuse l'empêcha de prendre la bonne décision au bon moment. Soudain, le temps décéléra et, alors qu'il se sentit entouré par une sorte d'énergie protectrice et que l'opération parut se dérouler au ralenti, il entendit ou crut entendre une voix lui souffler : « Tu vas t'en sortir. » Ce ne fut qu'un intermède car l'action reprit tout de suite en accéléré. Le parapente dépourvu de vitesse tomba. Le pilote serra les dents. Le crash fut inévitable et violent. En s'écrasant sur la glace, la coque de protection explosa pendant que l'airbag se déclenchait en un dixième de seconde.

Puis le silence s'installa. Le temps devint immobile et la vision floue.

Là, se dessinait une tente, et ici, la voile arc-en-ciel du parapente battait faiblement au vent, pareil à un oiseau blessé.

Un peu plus loin, il vit son chien se ruer dans sa direction devant Sarah Weismer, qui se jeta sur lui et le dévisagea horrifiée. Arrow, les pattes posées sur la poitrine de son compagnon, le détaillait.

La dernière chose dont Teva Robinson se souvint fut une voix lointaine.

—Teva ! C'est pas vrai. Teva ! Reviens !

Le parapentiste n'était plus là. Le cœur ne battait plus. La respiration s'était arrêtée.

● ● ●

Au même instant, l'espagnol Alejandro Porcari se servait une tasse de thé en tournant consciencieusement une cuillère dans une casserole en fer. Ce soir, ce sera soupe de lentilles au lard et oignons frits. Il en salivait déjà. La soirée s'annonçait calme et sans pluie.

Tout à coup.

— Appel urgent ! Appel urgent ! Entendit-il en anglais.

Il se rua sur la radio pendue à l'entrée de sa tente.

— Oui, Sarah. Je t'écoute.

— Amène immédiatement le défibr..., bafouilla la jeune femme en larmes. Teva vient de s'éc... en parapente au-dessus du camp de base. Ni respi..., ni pouls.

— Parle plus lentement. Je ne comprends rien à ce que tu me dis.

— Amène immédiatement le défibrillateur, répéta-t-elle. Teva vient de s'écraser en parapente au-dessus du camp de base. Ni respiration, ni pouls.

Jurons, branle-bas de combat et panique à bord. Puis l'alpiniste espagnol reprit ses esprits. Il éteignit le gaz et répondit.

— Je vais en trouver un. Commence les massages.

— Dépêche-toi.

Cela faisait dix minutes que Sarah Weismer s'acharnait sur la cage thoracique de la victime en respirant fort et en comptant à haute voix pour se donner du courage. Le chien la couvait des yeux, les oreilles dressées et les pattes irrémédiablement scotchées sur la poitrine de la victime.

— Je l'ai, lança l'espagnol de sa voix de baryton en faisant sursauter la sauveteuse. Regarde si le cœur est reparti.

Sarah Weismer posa son oreille sur la poitrine de son patient.

— Rien.

— J'ai pris un couteau.

L'espagnol plaça la lame devant le nez du parapentiste. S'il y avait de la buée, c'est qu'il respirait. Sinon...

— Rien.

— OK. L'électrode écrit sternum, sous la clavicule droite et l'électrode écrit apex, entre le cinquième et le sixième espace intercostal gauche. (il enleva ses gants, palpa le torse de la victime, brancha les électrodes et ...) Clear !

Sarah Weismer prit le chien par le collier et l'attira vers elle. À la lueur des frontales, l'espagnol appuya sur les deux boutons en même temps. Sous le choc, la cage thoracique du blessé se souleva. Sarah Weismer tâta le pouls. Rien. Elle reprit les massages cardiaques pendant deux minutes.

— Reviens ! Tu ne me laisses pas ! ordonna-t-elle fermement et les larmes aux yeux. Tu ne me laisses pas !

Deuxième vérification. Le cœur ne battait toujours pas.

— On va faire un deuxième essai. Écarte-toi.

Alejandro Porcari délivra le choc puis vérifia le résultat. Rien. Ils se dévisagèrent. Leurs yeux posaient la même question. On recommence ? Ils n'ignoraient pas que lorsque le cœur s'arrête, le cerveau n'est plus oxygéné et qu'il est détruit au bout d'une à quatre minutes. Cela faisait plus d'un quart d'heure maintenant. C'était fini.

Arrow continuait son massage sans quitter son compagnon du regard. Pour lui, ce n'était pas fini.

Après un moment où l'inacceptable s'imposa, tout là-haut sur les pentes d'altitude, on entendit les échos du long cri déchirant de Sarah Weismer aussi léger que le trille d'un passereau puis un brouhaha de silence se posa sur chaque chose.

Ce qui se produisit ensuite dépasse l'entendement.

Chapitre 17

Teva Robinson entendit d'abord un bruit comme un "pop". Il ne ressentait ni frayeur ni même appréhension.
— Aucune peur ? M'étonnai-je.
— Aucune, reprit-il en s'appuyant contre le dossier de son fauteuil chez lui à Moorea et dérangé par ma question.
Il continua.
Sarah Weismer et l'espagnol s'acharnaient sur ce corps qu'il reconnaissait être le sien mais qui, pour lui, n'avait pas plus d'importance ni plus de valeur qu'une canette de bière vide. Il voyait la scène du dessus et se sentait extraordinairement bien. Il ne prit pas tout de suite conscience qu'il était sorti de son corps.
Le récit de Teva Robinson me fascinait. Son visage hirsute, à la fois calme et grave, exprimait apaisement et ardeur, sérénité et excitation.
Il lisait dans les pensées de Sarah. Il ressentait sa panique et son sentiment d'impuissance. Il tenta à nouveau de lui dire sans y parvenir que tout allait bien et qu'il ne ressentait plus ni trouble ni colère.

L'acuité de ses sens était décuplée. Les faits et gestes des autres au camp de base ne lui seraient pas parvenus plus clairement s'il eût été juste à côté. Il percevait leurs conversations et leurs pensées.

Son esprit fit un bond dans le passé et il revécu le moment que je relate au début de cette histoire, où une jolie femme blonde l'aborda dans la rue en l'appelant d'un drôle de nom. Elle lui demandait de se souvenir ce qu'il avait fait juste avant leur rencontre. Il se revoyait ouvrir l'ordinateur et taper une histoire qui défilait à présent devant ses yeux. Tout être normal qualifierait cette scène d'impossible mais pour lui, elle était tout à fait naturelle, se rendant compte de ce qu'il était réellement ; il décrivait dans les moindres détails la rencontre qu'il était sur le point de faire avec cette femme, le visage aimant de celle-ci, son arrogance à lui, le chuintement incompréhensible, le bruit de l'enveloppe tombant à terre. L'incroyable évidence s'imposa sans heurt ; quelqu'un avait programmé cette rencontre par le biais d'un long processus faisant appel à des connaissances qui ne sont pas encore les nôtres et que nous mettrons du temps à acquérir. Il s'agissait d'une personne qui avait le pouvoir de créer non seulement cette rencontre mais toutes celles qu'il avait faites et toutes les situations qu'il avait vécues. Cette personne n'était autre que lui-même, Teva Robinson, ou fallait-il l'appeler Anatil. Il était l'être immortel de ses séances d'hypnose, un pur esprit et un créateur capable d'inventer sa propre vie.

Voilà ce qu'il était ! Voilà ce que le sage sur la colline avait refusé de lui révéler arguant du fait qu'il ne le croirait pas s'il lui dévoilait sa véritable essence.

Mais cette révélation ne fut pas la seule.

De son être tout entier débordait une émotion incroyablement forte qu'il eut du mal à définir et qu'il n'avait jamais ressentie auparavant. C'était comme s'il se réveillait d'une profonde transe.

Comment exprimer cela ? Comment trouver les mots pour dépeindre une réalité au-delà de la nôtre ?

Il se sentait en sécurité et n'avait plus aucune douleur ni aucune angoisse. Oblitérés les souvenirs, irréel l'avenir. N'existait que l'instant présent. C'était le plus beau jour de sa vie. Il réussit enfin à mettre des mots ; pour la première fois, il ressentait une étrange ivresse, celle d'être vivant. Oui, il était vivant pour la première fois de sa vie.

Il le sait. C'est incompréhensible.

Il se retrouva ensuite au milieu du néant. Aucune couleur ni lumière. Il avait l'impression d'avoir toujours été ici, dans ce noir total. Avait-il jamais existé sur terre et n'avait-il pas tout inventé ?

Au loin, il vit les contours indistincts de deux personnes semblant attendre. Il sut immédiatement de qui il s'agissait. Ses parents ! Le bonheur de les revoir était indescriptible. Sans qu'il fût nécessaire de communiquer, il savait qu'ils étaient là pour le ramener à la maison. Derrière eux, la lumière commença à apparaître. Il savait que de l'autre côté était la vraie vie. Sa vie terrestre était une sorte de théâtre, une mise en scène mal montée où l'on sentait que quelque chose clochait.

C'est alors qu'il comprit qu'il était mort.

D'un seul coup, lui et ses protecteurs furent tous les trois happés à l'intérieur d'une sorte de tunnel d'un noir profond et froid, un vortex irrésistiblement attirant qui les emmena à une vitesse fulgurante vers le haut. C'était à la fois effrayant et excitant ; où cela allait-il les mener ? Il distinguait la lumière au loin qui se rapprochait à grande vitesse ou était-ce eux qui se déplaçaient ? Il voyait des orbes étincelants pareilles à des bretelles d'autoroute rejoindre son tunnel vers la source lumineuse, là où il fut créé et où il revenait.

De toute sa vie, il n'avait jamais rien souhaité plus fort que d'être dans ce tunnel. La vitesse s'accroissait à mesure que le désir augmentait. Tout au bout du tunnel était la lumière, blanche et intense, vibrante et vivante. Elle ne l'aveuglait ni ne brûlait.

Il s'y retrouva bientôt immergé et se sentit aimer par mille mamans en même temps. Il tourna la tête de côté et se rendit compte à ce moment-là qu'il avait été escorté par deux autres êtres surnaturels. Il sentait d'autres présences autour de lui. Peu importait ce qu'il avait réalisé au cours de sa vie, rien n'avait d'importance que de faire partie de cette lumière. Dans cette réalité aimante, il se sentit immédiatement connecté à tout ce qui l'entourait. Son être s'étendait dans toutes les directions. Il était à la fois l'univers dans son entier et une partie fractale.

La lumière sortait de partout dans cette nature à plus de trois dimensions et d'une beauté absolue. Elle rendait les couleurs plus éclatantes et variées.

Un autre sentiment exaltant s'empara de lui ; celui d'être rentré à la maison. Il avait été en voyage loin de chez lui et à présent, il était de retour tel un fils prodigue. C'est ainsi qu'il fut accueilli en héros par la famille et les amis qu'il avait avant de naître sur terre.

Il était conscient que tout ceci est déroutant mais il n'est pas possible de décrire une telle sensation. Les mots terrestres ne suffisent pas. Les plus grands poètes eux-mêmes ne pourraient le faire tant elle est unique, intense et pénétrante.

J'avais déjà entendu ce genre de récit à plusieurs reprises notamment de la bouche d'un de mes proches qui n'est pas du genre à fabuler. Je doutais encore d'une certaine manière de sa véracité, mais lorsque Teva Robinson me relata sa propre expérience, mes incertitudes commencèrent à s'effriter et vous conviendrez sans doute avec moi que, si tout cela est vrai, nous avons peut-être une chance.

Un être lui fut présenté et il sut qu'on allait répondre à ses questions. Il demanda pourquoi les couleurs étaient tellement lumineuses. L'être lui répondit d'une voix douce et puissante que cela était dû au taux vibratoire. Il lui présenta ensuite le film de sa vie.

— Regarde-toi. Pourquoi t'es-tu mis dans tous tes états ? Tu étais terrifié et catastrophé lors de ces mésaventures, dit l'être supra naturel en riant.

— En riant ? M'étonnai-je.

— Il ne fallait pas, continua Teva Robinson. Pourquoi ne t'es-tu pas plus amusé ? Pourquoi n'as-tu pas réalisé plus de projets ni plus exploré ce dont tu es capable ? Tu étais paralysé par la peur. Tu aurais dû davantage exploiter ton potentiel, tenter plus d'expériences et explorer l'univers du possible. C'était pour rire. La vie est un théâtre, une mise en scène. Rien n'est réel sur terre.

— Ça alors ! Ne pus-je m'empêcher de commenter. Rien n'est réel !

Totalement absorbé et transcendé par le souvenir de cette expérience hors du commun, Teva Robinson ne m'entendit pas. Ce que l'être ajouta ensuite s'imprima définitivement dans sa mémoire :

— Ton heure n'est pas venue, Anatil. Maintenant que tu sais, tu dois retourner.

Il ne fut pas surpris qu'on l'appelle par ce nom puisqu'il avait toujours été le sien.

Tout se passa ensuite très vite. Il entendit, l'instant d'après, une voix lointaine tout en bas lui crier des mots d'amour. Il fut happé à une vitesse fulgurante vers la terre en traversant cieux et éther. En voyant son corps allongé sur la glace, il se dit qu'il ne pourrait jamais rentrer là-dedans. Il y rentra cependant, par le dessus du crâne, de la même manière que l'on entre dans une chaussure trop petite. Il eut tout d'abord la sensation de peser une tonne et bouger le petit doigt lui parut une gageure.

Arrow s'immobilisa tout d'un coup en dévisageant son compagnon qui revenait à lui. Il appuya plus fortement les pattes sur sa poitrine et poussa un drôle d'aboiement.

Sarah Weismer et Alejandro Porcari allaient, quant à eux, vivre un instant électrisant. Se tournant vers le chien, les yeux soudain hallucinés en se rendant compte que Teva Robinson avait soulevé les doigts et n'osant y croire, Sarah Weismer se mit à crier tout ce qu'elle ne lui avait pas confié.

— Teva ! C'est pas vrai ! Il a bougé ! Teva ! Reviens ! Oui, tu peux le faire ! Je t'aime ! Je t'aime !

Elle répétait la dernière phrase comme si l'événement l'eut déchaînée et qu'elle avait perdu la tête.

L'espagnol, également au summum de l'excitation face à la nouvelle aussi inattendue qu'intense, riait et pleurait à l'image d'un gamin et répétait ce qu'il pouvait en mélangeant anglais et espagnol, alors que le rescapé s'animait en toussant un peu plus à chacune de ses tentatives pour se redresser.

— Vas-y, Teva ! Tu peux le faire !

— Ah mon vieux, quelle histoire ! Quelle histoire !

Tandis que j'écris ces lignes, l'émotion m'envahit. Mais je ne sais pas si mon vocabulaire aurait été plus varié que le leur. Arrow aboyait en se frottant contre son protégé et en lui tournant autour. Il comprenait à n'en pas douter qu'il avait failli le perdre. Les humains eux, riaient, pleuraient ou faisaient des allées et venues devant le rescapé pour s'assurer que la scène ne sortait pas de leur imagination.

À mille lieues de toute civilisation, les montagnes résonnèrent de l'hystérie d'une poignée de mortels à peine éclairés par quelques dérisoires lampes torches. La nuit promettait d'être peu propice au repos de l'âme et des corps.

Mais je peux vous le dire tout de suite, la suite des événements n'allait pas les endormir.

Chapitre 18

Dans la clarté du matin, Sarah Weismer, des poches sous les yeux après une nuit glacée et un sommeil agité, apportait un bol de soupe au miraculé.

Elle se tourna vers lui, croyant avoir mal entendu.

— Qu'est-ce que tu as dit ?

— J'ai vu quelque chose, répéta Teva Robinson. La lumière, le tunnel et tous les trucs qu'on raconte.

L'espagnol et d'autres les rejoignirent à pas feutrés.

— Il y a quelque chose derrière ? s'enquit l'un d'eux.

— Absolument, oui. Je n'ai jamais été aussi vivant que quand j'étais mort.

Personne n'osa relever la remarque. On perçut le grondement sourd et diffus d'une avalanche, qui manqua d'accaparer l'attention de l'assemblée.

— Une de mes copines m'a raconté le même truc, jeta enfin un taciturne irlandais, brisant le silence.

— Elle l'a vécu ou elle en a entendu parler ?

— Elle l'a vécu.

— N'importe quoi, grommela Marc Spenzer dont la bouche se tordait invariablement lorsqu'il se montrait désagréable.

— C'est ... tenta de dire quelqu'un sans oser finir sa phrase.

— J'ai vu mes parents et des êtres surnaturels. Je voyais à trois cent soixante degrés. Mes capacités sensorielles étaient décuplées. Tous les deux, affirma Teva Robinson en levant les yeux vers l'irlandais Peter O'Connor et son compagnon d'escalade Marc Spenzer, vous parliez de Yes et de la façon dont la pochette de leur album Tormato a été faite. (Les deux alpinistes concernés se regardèrent ahuris.) Et toi, Alejandro, tu te préparais une soupe aux oignons frits. La tête que tu as fait en entendant l'appel de Sarah !

Il éclata de rire devant leurs yeux aussi ronds que des billes.

— ...

— Vous voulez une autre preuve ?

Seul le lointain craquement d'un sérac lui répondit.

— Et comment tu peux savoir ça ? Persifla gauchement Marc Spenzer, brisant d'un coup la coque de silence qui enveloppait le groupe.

— Écoutez. Je ne suis pas fou, lança le rescapé dans un anglais parfait. Les émotions que j'avais sur terre n'avaient plus aucun impact sur moi. Elles étaient telles de vieilles chemises dont je ne voulais plus. Je n'avais plus aucune colère, ni jalousie, ni douleur. J'avais l'impression d'être connecté à l'univers dans son ensemble, les plantes et les humains. J'avais une connaissance infinie. Désolé de l'exprimer de cette façon, les gars : On est des êtres spirituels emprisonnés dans un corps physique.

La nouvelle sonna telle un gong.

— Pff ! T'es con. T'es con.

— Si ça se trouve, tu en es un toi aussi, Spenzer, gronda Alejandro Porcari après un long moment. Tu es peut-être plus grand que toi-même.

— Même si j'ai tout inventé, enchaîna le miraculé, l'idée qu'on est plus que ce que l'on croit pourrait changer quelque chose.

— Et pourquoi ça ? Grogna Spenzer.

Teva Robinson prit le temps d'inspirer calmement pour ménager son effet.

— Parce que la pensée (il dévisagea son interlocuteur, qui perdit un peu de son aplomb) crée la réalité. Si tu crois être un être spirituel capable de créer ta propre existence, tu vas changer ta façon de penser, d'agir et de voir notre monde. Tu n'auras alors plus le sentiment d'être le jouet d'une société devenue folle, qui contrôle tes pensées et te fait croire que tu n'as aucun pouvoir. Cela changera beaucoup de choses car les mensonges des manipulateurs en tout genre n'auront plus d'effet sur toi et cela réduira la portée de leurs méfaits. Tu as un pouvoir et tu constateras par toi-même que nombre d'événements qui jalonnent ta vie sont la conséquence de tes choix et de tes actions.

Alejandro Porcari le coupa.

— ... et avec un peu de chance tu descendras tout seul de ton piédestal.

— On peut toujours espérer, renchérit Sarah Weismer que l'arrogance de Spenzer irritait de plus en plus.

La discussion dérapait. L'irlandais Peter O'Connor tenta d'éteindre les braises et lança un œil désapprobateur à son compagnon de cordée.

— Pour revenir sur notre pouvoir de décision, enchaîna-t-il, il est clair que c'est moi qui ai choisi de venir ici aux pieds du Nanga Parbat.

— Tu as fait ce choix en fonction de tes croyances et de ce que tu pensais être vrai.

— C'est sûr et je persiste à croire que faire de la montagne est un bon choix car même si c'est dangereux, ça me permet d'avoir une meilleure connaissance de moi-même et de ce dont je suis capable.

— Et de repousser tes limites, ajouta un autre en parlant de lui-même.

— Au moins, ici, continua l'irlandais, on n'est pas agressé par les mauvaises nouvelles des médias et les informations sans importance comme la vie de la reine d'Angleterre ou les frasques amoureuse de la dernière star en vogue et je peux me concentrer sur ce qui est important pour moi ; pourquoi je suis ici, dans quel but, pour quoi faire et qu'est-ce que je veux faire de ma vie ?

— Moi c'est pareil.

— En montagne, je peux écouter ma voix intérieure, reprit l'inarrêtable Peter O'Connor. Mon attention n'est plus détournée par les tracas d'un métier abrutissant, les factures à payer et les sollicitations médiatiques.

— Quand tu écoutes les informations, tu donnes aux types de la télé ton temps et ton énergie et ils se nourrissent de ça.

— Oui. Tu as raison. J'en ai assez de tout ça. Ici, parce que je suis en mode survie, seules les considérations vitales demeurent ; que dois-je emmener avec moi pour survivre et où dois-je poser les pieds pour rester vivant et pour pouvoir marcher des heures ? Mais pourquoi je vous parle de ça, moi ?

— Le pouvoir de décision.

— Ah oui. C'est moi au bout du compte qui ai décidé de faire ces études et ce métier. J'ai décidé de la voie que j'allais suivre et même si quelqu'un m'a influencé d'une façon ou d'une autre, c'est moi au final qui ai eu le dernier mot et qui ai tranché.

Spenzer opina du chef aux paroles de son compagnon de cordée.

— Tu as fait tes choix en fonction de ce que tu te sentais capable de faire.

— Le problème est qu'on est bercé d'illusions. On imagine que devenir une rock star comme Peter Gabriel nous apportera le bonheur et donc on suit le chemin d'un autre, pas le nôtre.

— Quel est le sens de tout ce cinéma, alors, la vie, tout ça quoi ?

— Ils m'ont juste dit ce truc qui peut vous paraître étrange, insista Teva Robinson : Là où nous sommes à chaque instant, c'est là le but de notre âme car nous sommes là pour apprendre. C'est le but de notre vie ; apprendre. Je suis monté au sommet du Nanga Parbat pour apprendre et j'en sais un peu plus qu'hier.

— Et quand on fait une faute, crac ! Grimaça Alejandro Porcari.

— Ne m'en parle pas, ironisa le survivant.

— C'est sûr. On apprend de ses erreurs.

— T'as appris quoi ?

Teva Robinson, pensif, prit une profonde inspiration.

— Tu as deux heures devant toi ?

— Dis-moi.

— J'ai appris que je dois livrer tous les combats qui s'offrent à moi. Vous le savez puisque vous êtes des montagnards.

— C'est sûr, éructa l'irlandais.

— Le fait de chercher mon chien comme un malade m'a montré ce dont je suis capable. Je dois me battre quand ça en vaut la peine. Je peux être un guerrier et affronter les pires situations. J'aurais pu aller encore plus loin si nécessaire.

— C'est c'que nous apprend la montagne, affirma Spenzer en s'assurant de l'approbation des autres d'un mouvement de tête.

— Ils m'ont dit que mon heure n'était pas venue. Je comprends que, soit je me lance des défis et je vais jusqu'au bout, soit je reste dans ma zone de confort tranquillement installé dans mon sofa. Je ne vais pas mourir parce que je relève des challenges. Je vais mourir parce que c'est mon heure. Ce n'est pas en restant inactif que j'apprends des trucs. J'apprends en risquant de me prendre des râteaux et si je tombe, je dois me relever à chaque fois.

— Oui, tu l'as dit ! racla bravement l'un des alpinistes, toujours à l'affût d'une nouvelle expédition et dont la passion pour la montagne dépassait la raison.

Les autres restèrent bouche bée.

— C'est sûr, reconnut enfin Spenzer.

— Il faut donner de la valeur à ta vie en faisant des choses que tu aimes, pas un job que tu détestes.

— Ouais, je suis d'accord. C'est pour ça que je suis ici ; pour faire ce que j'aime, s'emporta l'espagnol Alejandro Porcari. On a été chercher quelque chose de puissant en nous, qui nous habite et qui nous pousse à faire de la montagne.

— Comme nous tous, oui c'est vrai.

— J'avais le choix entre rester là-haut ou revenir dans mon corps.

— Si c'est si beau, pourquoi t'es revenu ? T'es fou ou quoi ? Moi, je s'rais pas rev'nu, martela le savant du groupe, qui ne pouvait s'empêcher de se montrer désagréable.

— C'était un élan, pas une réflexion. Une partie de moi voulait rester, une autre, ma partie immatérielle, a été tellement (le jeune Maori essaya de trouver les mots sur son épaule droite puis sur la gauche) nourrie et équipée par cette lumière qu'elle voulait retourner sur terre. J'ai le sentiment que puisque maintenant je sais où je vais et que j'y retournerai de toute façon, autant réaliser un maximum de projets et vivre ma vie pleinement ici. C'est un peu à l'image d'un gâteau dégoulinant de chocolat que l'on se réserve pour la fin du repas. Autant prendre son temps et se délecter du poisson cru au lait coco avant, puisque tu auras ton dessert quoi qu'il arrive.

— Tu es prêt à mourir une deuxième fois ?

—Vous n'allez probablement pas me croire mais je n'ai plus peur de la mort. Ce que je croyais savoir sur la réalité est ébranlé.

— C'est vrai ?

— Qu'est-ce que tu disais sur la raison de tout ce cirque ?

— La raison de ma présence ici sur terre ? La raison c'est le lieu où je suis à chaque instant. On m'a dit qu'il faut rester dans l'instant présent et ne pas se soucier de l'avenir ou du passé. La vie sur terre est censé être un voyage magnifique.

— Tu es devenu philosophe ou quoi ? Se gaussa Marc Spenzer.

— Écoute, Spenzer. Pourrais-tu ouvrir ton esprit un instant ? interrompit une Sarah Weismer qui commençait à perdre patience. Tu critiques chaque idée nouvelle. (Elle choisit tout d'un coup de dédramatiser la situation et en guise de contre-attaque, de lancer un trait d'humour.) Tu nous fais ch... chaque fois la même chose, ajouta-t-elle en étouffant un rire.

L'hilarité débridée surgit au milieu du camp. La jeune femme, satisfaite de sa répartie, s'esclaffait en regardant les autres faire de même.

— Ce n'est pas toi qui vas me faire douter de ce que j'ai vu, ajouta Teva Robinson une fois le sérieux revenu et le sourire encore sur les lèvres. Je ne suis pas fou. Et puis, je n'essaye pas de te convaincre. Je te dis seulement ce que j'ai vécu.

— Si j'ai bien compris, tu n'es pas le premier à témoigner, reconnut Marc Spenzer après un long moment de réflexion.

Il devint moins désagréable d'un coup.

— Tous les événements qui m'ont amené jusqu'ici ont un sens. Je comprends maintenant pourquoi je les ai vécus ; les murs mouvants d'Aix-en-Provence, ma rencontre avec mon hypnothérapeute et Naelys, le sage sur la colline, le voyage au Népal, l'accident de voiture à Katmandou, la rencontre avec Sarah, l'ascension du Nanga Parbat, le parapente de Mike, et tout le reste. Cela m'apaise de savoir cela. Chaque instant que je passe est l'objectif de mon âme car on est là pour apprendre. Nous tous.

— Hum...

Les alpinistes s'observèrent les uns les autres.

— On n'est pas ici pour être parfait, enchaîna le parapentiste miraculé, mais pour progresser tout le long du chemin. Si vous prêtez attention à un groupe d'enfants, vous les verrez toujours prêts à s'amuser et à inventer des jeux. Ils jouent sans se prendre au sérieux. La terre est une école et il faut que je trouve ma cour de récréation.

— La mienne est ici, lâcha l'espagnol, à nouveau grave comme un pape.

Il embrassa les montagnes du regard.

Les autres ne dirent mot pendant de longues minutes. Chacun sembla tout d'un coup plongé dans ses pensées et occupé à inspecter le bout de ses doigts.

Les Expériences de Mort Imminente ou EMI sont relatées par des centaines de milliers de gens de toutes ethnies, cultures, religions, âges et de tout temps. Il ne s'agit pas d'une nouvelle secte mais d'un phénomène répandu. Grâce aux progrès scientifiques en termes de réanimation post mortem, nous avons des témoignages par des patients qui décrivent l'opération qu'ils viennent de subir en apportant moult précisions. Les chirurgiens attestent que leur patient ne pouvait pas voir les détails de l'opération puisqu'ils étaient sous anesthésie générale. Des chirurgiens ont eux-mêmes vécu une expérience de mort imminente et dépeignent la sensation de n'avoir jamais été aussi vivant qu'au moment où leur électroencéphalogramme était plat. Ils rapportent aussi qu'ils avaient la certitude d'être rentré à la maison. Combien disent avoir vu le tunnel, les êtres surnaturels et tout le reste ?

Des milliers.

Je ne sais que penser de toutes ces informations mais un détail me turlupine ; je n'arrive pas à croire que cent pour cent d'entre eux aient menti ou halluciné.

D'ailleurs il y a plus dérangeant ; j'avais fait maintes recherches sur internet suite à l'expérience hors du commun qu'un ami vécut sur la plage de la Pointe des Pêcheurs, expérience à laquelle j'ai fait plusieurs fois allusion au cours de cette narration. Mon ami avait-il pris des drogues ? Que nenni. Ni alcool, ni cigarette, ni médicament, ni champignon et il n'avait pas tendance à être "perché". Et élément plus troublant encore, il n'était pas mort. Cela se produisit à un moment tout à fait banal, sans demande de sa part. Une très étrange sensation, difficilement exprimable, s'était progressivement emparée de lui. Il lui fallut de longues minutes avant de comprendre que pour la première fois de sa vie, il était vivant et qu'il se sentait comme jamais auparavant à la maison, deux éléments que l'on retrouve dans la description des EMI. Ils appellent cela une Expérience au Seuil de la Vie. Combien ont vécu cet état, bien vivants ? Beaucoup.

Chacune de nos décisions est prise en fonction de nos peurs. Peur de manquer d'argent ou d'amour, peur de mourir ou d'échouer. Si les paroles de l'être surnaturel sont vraies et si les témoins n'ont pas menti, si l'on meurt uniquement lorsque notre heure a sonné, alors il est inutile d'avoir peur. Plus facile à dire qu'à faire, me diriez-vous et j'en conviendrais. Mais je ne peux m'empêcher de me demander ce que serait l'humanité si nous contrôlions parfaitement cette émotion.

Aucun des alpinistes n'osa troubler le silence qui s'était installé au milieu du camp de base. Teva Robinson se redressa maladroitement, jeta un coup d'œil en coin à Sarah Weismer et s'éloigna. Elle le rejoignit d'un pas malhabile.

Le chien s'immobilisa, les regarda s'éloigner puis reprit sa toilette. Plus rien n'avait d'importance à présent. Il avait accompli la mission qu'on lui avait confiée ; prendre soin du jeune Maori. Il avait joué le rôle d'antenne entre lui et son être supérieur, le sage sur la colline. Personne ne devinerait jamais. Le garçon avait sa compagne à présent mais il resterait encore longtemps avec lui en cas de blues et de doute. *Mon petit Arrow, ce pelage est plein de saletés !*

— On va faire un tour ensemble ? Souffla la jeune femme.

Elle rapprocha son épaule de la sienne et ils marchèrent ainsi une vingtaine de mètres sans un mot.

— Je t'ai entendu de là-haut, confia-t-il en tournant la tête vers elle. Tu m'as dit : « je t'aime » ou j'ai rêvé ?

La jeune femme baissa la tête et marqua un temps d'arrêt.

— C'était sous le coup du stress, plaisanta-t-elle en lui rendant finalement son sourire et en tendant son menton vers le sien.

Revinrent à la mémoire de Teva Robinson deux images sous forme de flashes ; la déclaration d'amour de Laurence dans sa voiture et les avances de la délicieuse Marie. Il se revoit baisser la tête et renoncer à ces deux magnifiques femmes. Il se lança.

— Je t'aime aussi, Sarah. Je t'aime depuis qu'on est enfant, bafouilla-t-il en rapprochant sa bouche de celle de sa compagne. Je …

Ses mots d'amour sonnèrent telle une victoire. Ils en avaient le timbre, l'harmonie et dans sa bouche, la saveur. Se mélangèrent ainsi pêle-mêle souvenirs d'autrefois et réalité présente. Elle lui prit le bras et se colla contre lui sans répondre à ses avances, juste pour faire durer le plaisir.

— Tu peux marcher jusqu'à la moraine, là-bas ?

Les mots de la jeune femme avaient un incomparable parfum d'enfance. Pour toute réponse, il contempla le glacier avec un sourire au bord des lèvres. On les vit s'éloigner, elle claudiquant à chaque pas et lui titubant par moment.

— Si on m'avait dit qu'il fallait passer par toutes ces épreuves pour arriver jusqu'à toi et entendre tes mots d'amour, je l'aurais fait sans hésiter. J'y aurais mis plus d'énergie ... euh si c'était possible.

Ils rirent tous les deux. Elle se serra contre lui un peu plus encore en ralentissant le pas et en savourant ce moment exquis qu'ils auraient pu chercher en vain toute leur vie. Le soleil et un silence reposant illuminaient la vallée. Le vent était tombé. Ils avançaient seuls, semblables à deux guerriers blessés mais vainqueurs. Un aigle lança son cri. Teva Robinson leva les yeux et l'aperçut à une cinquantaine de mètres au-dessus d'eux. Il n'était pas seul. Il fut rejoint par sa compagne qui, au milieu de la quiétude qui connectait les humains aux dieux, lui répondit. Ils se mirent à tournoyer dans un courant ascendant en se déplaçant vers le sud. Leurs deux cris retentirent à nouveau l'un après l'autre. Je ne doute pas un instant que ce moment unique se répercuta dans les airs et plus bas dans la vallée comme une onde subtile.

Quant à Sarah Weismer, elle comprit à cet instant le pourquoi des appels incessants de Fairy et l'urgence qui la poussa à venir ici. Puisqu'elle n'entendait plus sa voix, elle savait que sa quête avait touché à sa fin et qu'elle ne reviendrait plus sur les pentes du Nanga Parbat. Malgré cela par moment, elle percevait sans le voir le vortex qui s'ouvre et se ferme à sa guise et permet aux humains d'entrer en contact les uns avec les autres.

Elle ignorera à jamais qu'avec ses rêves sans trêve, elle avait créé dans une autre réalité une autre elle-même, une jolie blonde qui chercha Teva Robinson et qui tenta de lui faire connaître sa véritable identité.

C'est par ces mots que Teva Robinson, ou devrais-je l'appeler Anatil puisque tel est son nom, acheva son récit.

Tandis que le jeune homme, assis sur sa terrasse à Moorea, me fixait en silence, je devinais dans ses yeux embués la haute montagne du Nanga Parbat, l'immensité du Pacifique sud et leur bonheur aussi grand. Je perçus dans sa pupille une lueur à la fois douce et percutante, tendre et incisive.

Au milieu de ce moment de calme, je repensais malgré moi à la rage qui nourrit sa quête et me demandais ce qui l'avait générée. Ce n'était ni la recherche de la gloire ou de la renommée, encore moins l'appât du gain. Quelle urgence, quelle épée de Damoclès le poussa aussi loin ? Je compris d'un coup en évoquant le roi des orfèvres de la mythologie grecque. Il était en sursis. Cela expliquait son intransigeance face à des situations qu'il jugeait inacceptables, ses phrases sibyllines, sa soif de connaître et plus que tout encore, l'esprit combatif qui était le sien et qui commandait l'admiration ; une maladie l'avait condamné.

Teva Robinson fixa l'horizon au-delà du récif. Les vagues et la plage échangeaient quant à elles, d'infatigables caresses.

— Tu as deviné, n'est-ce pas ?

Je savais qu'il parlait de cela, du truc qui le rongeait petit à petit et que je ne pouvais nommer. Les liens qui s'étaient tissés entre nous apportaient un flot continu d'informations nous évitant l'un et l'autre des paroles inutiles. Et puis, il me semblait que depuis l'accident il avait … changé. Lisait-il dans mon esprit ? Je frémis en me rendant compte que je n'avais plus en face de moi un jeune homme morose et en proie à l'amertume. Je sentais en lui une grande force et me recueillit en souhaitant que celle-ci se répande et habite chacun d'entre nous.

— Yes, murmurai-je dans ma langue maternelle, maladroitement mais par pudeur.

— Elle n'est plus là, annonça-t-il avec la fermeté de celui qui avait réveillé le héros en lui et qui venait de remporter sa plus belle victoire.

Je n'osais lui poser la question qui me trottait dans la tête.

— C'est ce qui te donnait l'énergie d'aller jusqu'au bout, n'est-ce pas ?

— Oui. Les médecins en France m'avaient donné six mois. J'ai trouvé ça un peu court. (Il m'adressa un sourire pour accompagner son trait d'humour.) Le temps me manquait. Puisque j'étais fichu, autant jouer mon va-tout et mettre tout en œuvre pour comprendre pourquoi ces rêves me hantaient et m'incitaient à me rendre là-bas. J'ai fait aussi vite que possible. Tu me suis ? Je voulais absolument savoir et comprendre avant d'y passer. Quand je suis revenu du Nanga Parbat, j'ai pris mon courage à deux mains et j'ai fait faire quelques analyses sanguines, histoire de voir comment les choses avaient évolué. Tiens-toi bien ; elle avait disparu. Le docteur m'a prescrit d'autres analyses dans un autre laboratoire. Même résultat. Il n'y avait plus la moindre trace de cette cochonnerie dans mon organisme. Il dit que c'est un miracle.

— Qu'aurait-il dit si tu lui avais raconté toute l'histoire ?

Le malaise se brisa dans un éclat de rire. Arrow profita de cet instant pour s'éloigner et arroser poétiquement les hibiscus. Un oiseau rouge et noir lui siffla un commentaire.

Je n'ose comprendre par quelle magie mais il était sauvé. Sa maladie avait disparu. Cela était-il dû au passage dans le vortex, à la rencontre avec les êtres surnaturels ou à l'amour de son amie d'enfance ?

D'autres questions me taraudaient l'esprit. Quels liens l'unissaient à Sarah Weismer justement, la femme qui partageait désormais sa vie ? Étaient-ils liés depuis toujours ? Étaient-ils revenus ensemble pour s'aider mutuellement à remporter les sprints et les marathons qui allaient les faire grandir ? Je ne saurais le dire et je n'aurais probablement jamais la réponse.

Mes pensées se perdirent dans la contemplation du paysage. L'alizé agitait la tête ébouriffée des cocotiers, dont l'ombre bleutée s'étalait sur le sable blanc. La marée basse laissait apparaître quelques patates de corail et les sternes blanches planaient sans effort au-dessus des eaux. Quelques touristes flânaient au loin. Je m'aperçus que l'un d'eux s'approchait de nous. Il s'agissait d'une femme vêtue d'un paréo aux couleurs rayonnantes, que le vent tentait de soulever. Sans la quitter des yeux, je sentis l'imperceptible réaction de Teva Robinson quand elle nous adressa un sourire. Il me semble que quelque chose en lui se mit à tressaillir ou était-ce mon imagination ? À mesure qu'elle s'avançait, je remarquai son charme, ses yeux clairs et sa crinière de lionne. Plus de doute possible. C'était l'héroïque et très jolie Sarah Weismer en vrai, celle qui avait risqué sa vie pour sauver celle d'un type qu'elle ne connaissait pas. Lorsqu'il se leva pour la prendre dans ses bras, je les sentis se fondre l'un dans l'autre. Elle lui chuchota quelque chose à l'oreille et le fit sourire. Lorsqu'elle desserra son étreinte et qu'elle posa son regard hypnotique sur moi derrière l'épaule de Teva Robinson, je la saluais. Je ne pouvais ensuite faire autrement que de les laisser seuls. J'avais moi aussi un câlin à faire à Manavai, qui était certainement arrivée chez moi à présent. Je me levais donc et les quittais d'un signe de la main.

L'instant d'après, je regrettais de ne pas avoir échangé plus avec cette femme hors du commun, qui était devenue pour moi une légende et dont l'histoire m'avait bouleversé. Quand je regarde les eaux paisibles du lagon, je ne peux m'empêcher de penser à ses exploits. J'aurais voulu lui demander ce qui l'avait poussée à plonger dans un fleuve en cru et à affronter les plus hautes montagnes du monde. Pour obtenir une réponse ? Pour relever le défi et faire de cette folie une aventure sans fin ?

Épilogue

Il est bientôt l'heure de prendre la dernière navette pour Moorea. Je ne vais pas trop tarder à ranger mes affaires. Je ne voudrais pas me retrouver coincé dans l'un de ces fichus ralentissements dont Papeete est coutumière et être obligé de dormir à l'hôtel. Appuyant mon dos contre le dossier du fauteuil, les yeux détachés de l'écran de mon ordinateur après des heures à rédiger ce récit, je perçois à nouveau la berceuse langoureuse et lointaine des vagues sur le récif. Satisfait du travail accompli et du combat mené à terme, je souffle d'aise, sors et fais quelques pas sur la plage de la Pointe des Pêcheurs.

À l'ombre d'un badamier ou autera'a popa'a, un couple de polynésiens chante une chanson locale lente et prenante sur quelques accords de ukulélé. M'éloignant d'eux, j'imagine à quelques mètres le vortex, qui a fait vivre à quelques chanceux des expériences hors du commun.

Les palmes de cocotiers se balancent nonchalamment sous la caresse des alizés pendant que des promeneurs oisifs s'imprègnent de la magie de ce lieu à la fois calme et envoûtant. Je comprends pourquoi il m'attirait à ce point. Je peux le dire maintenant ; je ressens une paix intérieure que j'avais espérée.

Teva Robinson m'a embarqué avec lui dans ce périlleux voyage en faisant miens ses combats acharnés et ses cris de victoire. Je dois avouer que son récit m'a changé moi aussi et je devine plus que je ne le vois, que la vie est un terrain de jeux. C'est pour cela que je m'entraîne, pour remporter cette délicieuse impression que même l'impossible est réalisable. Puisque mon dernier voyage, qui sera peut-être plus heureux que dramatique, me paralyse moins, et puisque le héros en moi ne demande qu'à se réveiller, m'envahit l'envie de passer le reste de mes jours à réaliser tous mes rêves sans en oublier aucun.

Avec à ses côtés son amie d'enfance devenue femme, qu'il n'aurait jamais pensé retrouver à l'autre bout de la planète, je sais que Teva Robinson se sent plus fort et apaisé.

Il est doux le sentiment de victoire près d'un être aimé, mais plus doux encore le sentiment que, en dépassant ses propres limites, il a réveillé une force insoupçonnée, un héros au fond de lui qui a cessé maintenant de frapper bruyamment à la porte.

Alors que le soleil se couche sur l'océan Pacifique et que les oiseaux blancs rentrent de leur longue quête en mer, je les imagine tous les deux en train de rêvasser sur la plage.

Il est un lieu où l'on ressent la douce et enivrante certitude d'avoir déposé les armes. Il est un endroit où trône la quiétude au milieu d'un océan agité. Je fais le souhait que cette harmonie les accompagne le long du chemin sur une île où les couleurs sont semblables à celles du paradis et où l'on se fait la douce et reposante observation que l'on pourrait vivre ici, une éternité.

Fin

Annexe

Vous trouverez ci-dessous des fiches d'exercices dont le but est de développer son potentiel. Elles sont parfois présentées par paires, la première étant un simple exemple concis et peu informatif.

Fiche 1 : Visualisation

Visualiser consiste à passer du temps chaque jour à imaginer ce que l'on voudrait être ou faire.

Je visualise être ....
....
....

Mon attitude : ....
....
....
....
....
....

Effets que mon attitude a sur les gens : ....
....
....
....
....
....
....

Consolider la pensée par une action : Je décide de ....
....
....
....
....
....
....
....
....
....
....

Fiche 2 : Croyances limitantes

Les croyances limitantes nous font manquer des opportunités.
Exemple : Je n'arrive pas à perdre du poids donc je crois qu'il est difficile d'en perdre.
Avantages de cette croyance :
Je peux manger ce que je veux et aussi souvent que je le veux.
Inconvénients :
Je n'arrive pas à courir ou faire du sport comme je le voudrais.
Je n'aime pas mon corps et évidemment les autres ne l'aiment pas non plus.
Faits sur lesquels cette croyance est basée :
J'ai fait plusieurs régimes. Ils n'ont pas fonctionné.
Les origines de cette croyance dans mon enfance :
Mes parents sont corpulents.
Petit, j'étais déjà gros.
Faits prouvant que cette croyance est fausse :
Une fois, j'ai réussi à perdre 60 kg, ce qui était déjà une très belle performance.
Les gens étaient étonnés de ma perte de poids et me demandaient si c'était moi.
Avantages de perdre du poids :
Je me sens mieux dans ma peau, plus détendu(e) et sûr(e) de moi.
Je peux courir et marcher dans la montagne.
Actions :
Déterminer les origines de la prise de poids : sucre, manque d'exercice physique. Avant de consommer du sucre, réfléchir au rapport gain/ perte. Quels sont les avantages et les inconvénients à manger cet aliment sucré ?

Fiche 2 : Croyances limitantes

Je crois que ....
....
....
....
....

Avantages de cette croyance : ....
....
....
....
....

Inconvénients :
....
....
....
....

Faits sur lesquels cette croyance est basée : ....
....
....
....
....

Les origines de cette croyance dans mon enfance : ....
....
....
....
....

Faits montrant que cette croyance est fausse : ....
....
....
....

Actions pour renforcer votre nouvelle croyance : ....
....
....
....
....

Fiche 3 : Gratitude

Exprimer de la gratitude est un moyen pour combattre la peur.
ma santé : J'ai de la chance d'être en bonne santé.
ma famille : Ceux que j'aime sont en bonne santé.
la personne qui partage ma vie : Je suis heureux avec elle/ lui. On a des moments de bonheur.
mon emploi : Je suis autonome. Je n'ai pas de patron. Je gagne assez d'argent pour payer ma maison.
le pays : Mon pays est en paix.
ma liberté : Je suis libre d'aller et venir. Je n'ai pas besoin de remplir un laissez-passer pour me déplacer.
mes passions : Elles me permettent de m'évader et de garder mon équilibre psychologique.
Autres : Merci de m'avoir fait gagner cette dernière épreuve et de me faire ressentir ce sentiment de victoire.

Fiche 3 : Gratitude

ma santé : ……………………………………………………………………
……………………………………………………………………………………
……………………………………………………………………………………
……………………………………………………………………………………

ma famille : …………………………………………………………………
……………………………………………………………………………………
……………………………………………………………………………………
……………………………………………………………………………………

la personne qui partage ma vie : ………………………………………
……………………………………………………………………………………
……………………………………………………………………………………
……………………………………………………………………………………

mon emploi : …………………………………………………………………
……………………………………………………………………………………
……………………………………………………………………………………

le lieu où j'habite : …………………………………………………………
……………………………………………………………………………………
……………………………………………………………………………………

la ville : ………………………………………………………………………
……………………………………………………………………………………
……………………………………………………………………………………

le pays : ………………………………………………………………………
……………………………………………………………………………………
……………………………………………………………………………………

ma liberté : ……………………………………………………………………
……………………………………………………………………………………
……………………………………………………………………………………
……………………………………………………………………………………

mes passions : ………………………………………………………………
……………………………………………………………………………………

autre : …………………………………………………………………………
……………………………………………………………………………………
……………………………………………………………………………………
……………………………………………………………………………………

Fiche 4 : trouver des solutions à un problème

Décrivez le problème avec précision. Décrivez la solution. Fermez les yeux et prenez le temps de choisir la ou les solutions qui vous rend heureux(se) ou qui ne vous attriste pas. Appliquez-la rigoureusement.

Problèmes	Solutions
Je n'arrive pas à aborder une femme qui me plaît.	Aborde des femmes qui ne t'attirent pas et invite-les à prendre un verre.
Je bégaye. Je dis n'importe quoi avec un sourire niais quand je suis à côté d'une femme qui m'attire.	Raconte-leur une histoire drôle. Entraîne-toi à être drôle avec elles. Fais-leur un compliment sur leur beauté intérieure. Sois un tout petit peu arrogant. Fais des exercices de dos pour te tenir droit.
Comment gérer une femme/ homme ? Qu'est-ce qui attire les femmes ?	Détermine quel est son problème et comment la/le gérer. Elle te sera reconnaissante et tu prendras une place importante dans sa vie. Etudie la psychologie féminine/ masculine.
Elle me frappe.	Ne la frappe pas au visage. Ne réagis pas sur le coup. Attends que l'orage passe. Au lit, donne-lui une ou plusieurs tapes sur la fesse en lui disant qu'elle n'a pas été gentille.

Fiche 4 : trouver des solutions à un problème

Problèmes	Solutions

Fiche 5 : Vision de soi

Une vision de soi montre la direction à prendre. Je me vois dans deux ans.
Mon objectif : Être en bonne santé et libre.
Moyens mis en œuvre : Je fais dix minutes de yoga par jour, ou autre sport.
Actions incompatibles : alcool, drogues, tabac

Mon objectif : Avoir du temps libre pour écrire, composer de la musique, réaliser des projets, passer du temps avec ma femme et ma famille.
Moyens mis en œuvre : Je passe du temps à développer un business rémunérateur qui me permettra d'avoir du temps libre.
Actions incompatibles : jeux vidéo, addictions

Mon objectif : finances : Avoir de l'argent.
Moyens mis en œuvre : Je fais une formation.
Actions incompatibles : fréquentation de gens toxiques

Mon objectif : Je veux partir vivre au Canada.
Moyens mis en œuvre : Je travaille mon anglais une demi heure par jour. Je travaille sur des films, des cours d'anglais en ligne, je répète des phrases, j'en invente d'autres.
Actions incompatibles : réseaux sociaux à outrance.

Mon objectif : Je veux acheter une maison.
Moyens mis en œuvre : J'économise 200 euros / mois. Je cherche dans les petites annonces. Je visite des maisons.
Actions incompatibles : dépenses inutiles, payer un loyer

Fiche 5 : Vision de soi

ma santé
Mon objectif : ....
Moyens mis en œuvre : ....
....
Actions incompatibles : ....

ma famille
Mon objectif : ....
Moyens mis en œuvre : ....
....
Actions incompatibles : ....

ma profession,
Mon objectif : ....
Moyens mis en œuvre : ....
....
....
Actions incompatibles : ....

mon lieu de vie
Mon objectif : ....
Moyens mis en œuvre : ....
....
....
Actions incompatibles : ....

mes biens matériels:
Mon objectif : ....
Moyens mis en œuvre : ....
....
....
Actions incompatibles : ....

mes passions
Mon objectif : ....
Moyens mis en œuvre : ....
....
....
Actions incompatibles : ....

Fiche 6 : Atteindre un objectif

Objectif final : Je veux ……………………………………………………
……………………………………………………………………………
……………………………………………………………………………
……………………………………………………………………………
……………………………………………………………………………
……………………………………………………………………………
……………………………………………………………………………
……………………………………………………………………………

Objectifs intermédiaires facilement réalisables. ………………………
……………………………………………………………………………
……………………………………………………………………………
……………………………………………………………………………
……………………………………………………………………………
……………………………………………………………………………
……………………………………………………………………………
……………………………………………………………………………
……………………………………………………………………………
……………………………………………………………………………
……………………………………………………………………………
……………………………………………………………………………
……………………………………………………………………………
……………………………………………………………………………
……………………………………………………………………………
……………………………………………………………………………
……………………………………………………………………………
……………………………………………………………………………
……………………………………………………………………………
……………………………………………………………………………
……………………………………………………………………………
……………………………………………………………………………
……………………………………………………………………………

Fiche 7 : Sentiments de victoire

Énumérez les moments où vous vous êtes senti(e) victorieux(se).

1er sentiment de victoire : ....
....
....
....

La manière dont avez remporté cette victoire : ....
....
....
....

Ce que vous ressentiez : ....
....
....

Ce que vous voyiez : ....
....

Ce que vous entendiez : ....
....

Ressentez l'excitation d'avoir atteint ce but, la joie et l'énergie que cela vous a apporté.

2ème sentiment de victoire : ....
....
....
....

La manière dont avez remporté cette victoire : ....
....
....
....

Ce que vous ressentiez : ....
....
....

Ce que vous voyiez : ....
....
....

Ce que vous entendiez : ....
....
....

3ème sentiment de victoire : ....
....
....
....

La manière dont avez remporté cette victoire :
....
....
....
....

Ce que vous ressentiez : ....
....
....

Ce que vous voyiez : ....
....

Ce que vous entendiez : ....
....
....

Fiche 8 : Votre type d'intelligence

Faites des tests sur internet pour déterminer vos styles d'intelligence.

Vous êtes

....
....
....
....
....
....
....
....

Vous vous intéressez à (centres d'intérêt)
....
....
....
....
....
....
....
....
....
....
....
....
....
....
....
....
....
....
....
....

Fiche 9 : Éliminer les idées négatives

Il vaut mieux mettre le passé et les échecs de côté. Chacun fait des erreurs. On ne peut pas revenir en arrière et corriger ses erreurs. Acceptez de ne pas être parfait(e).
J'ai fait (telle erreur) ………………………………………………………
………………………………………………………………………………
………………………………………………………………………………
parce que ……………………………………………………………………
………………………………………………………………………………
………………………………………………………………………………
Cette erreur m'a permis de comprendre que …………………………………
………………………………………………………………………………
………………………………………………………………………………
………………………………………………………………………………
………………………………………………………………………………
………………………………………………………………………………
Énumérez les actions positives que vous avez réalisées. J'ai ………
………………………………………………………………………………
………………………………………………………………………………
………………………………………………………………………………
………………………………………………………………………………
………………………………………………………………………………
………………………………………………………………………………
………………………………………………………………………………
………………………………………………………………………………
………………………………………………………………………………
………………………………………………………………………………
………………………………………………………………………………

Fiche 10 : le regard des autres

Comme pour tout événement survenant dans la vie, ce que pensent les autres de nous a un effet relatif sur nous. Cet effet est proportionnel à l'importance que nous lui accordons.
I. Contrôlez votre imagination. Ce que vous imaginez que les gens imaginent sur vous peut être changé. Analysez la pensée négative que vous imaginez que untel a sur vous.
J'imagine que ………(untel) pense que je suis………………
parce que ………………………………………………………
II. Remplacez cette pensée négative par une pensée positive : Imaginez la vision positive que les gens ont de vous.
………………(untel) pense que je suis (vision positive)………
parce que ………………………………………………………
Les gens pensent que je suis (vision positive) ……………… car
………………………………………………………………………
………………………………………………………………………
III. Au cours des jours qui suivent cet exercice, observez les effets de votre changement de pensée sur le comportement de untel ou des gens.
Untel est plus………………………………………………………
Untel est moins ……………………………………………………
IV. Pour le cas où untel a exprimé clairement ce qu'il pense de vous (vous ne l'imaginez pas). Il s'agit d'une tentative de manipulation. Les autres étant des miroirs, untel a exprimé en fait ce qu'il pense de lui-même, et non pas de vous. Vous pouvez changer l'impact que cet événement a sur vous en lui renvoyant la balle ; il vous accuse de ses propres défauts.
Il n'a pas de but qui le fasse grandir, sinon il ne perdrait pas de temps a essayer de vous diminuer. Il essaye d'attirer l'attention pour se valoriser. Il faut qu'il trouve un but à sa vie.
Il est jaloux de vos qualités (dont vous n'êtes peut-être pas conscient) car la critique est l'arme des jaloux.
Énumérez vos qualités et vos réalisations : ………………………
Ce qu'il dit de vous est faux car ………………………………

....
V. Redressez-vous, tenez-vous droit(e) et recentrez-vous sur vos objectifs qui sont ....
....
....
....

Remplacer une pensée négative instillée par une tierce personne
Untel dit que je suis ....
Il s'agit de ses propres défauts. Elle est ....
Modifiez l'image de cette personne et faites-en un personnage ridicule, petit ....
Montrez que ce qu'elle dit est faux. Je suis ....
....
....
....
....

car j'ai (décrivez vos réalisations) ....
....
....
....
....

Focalisez-vous sur vos objectifs : Je veux
....
....
....
....
....
....

Passez à l'action : ....
....
....
....
....
....

Fiche 11 : Relativiser l'importance des événements

Lorsqu'un souci vous accable, regardez l'événement comme si vous étiez une personne extérieure. Ne laissez pas les émotions vous envahir. Faites de la respiration abdominale.
Quel est le problème ? ....
....
....
Quel impact ce problème a-t-il objectivement sur votre vie ?
....
....
....
....
Pouvez-vous changer ce problème ? Si oui, comment ?
....
....
....
....
....

Sinon, sachez que de nombreuses personnes sont affectées par ce même problème. Ne le prenez pas personnellement.
Quels sont les inconvénients créés par ce problème ?
....
....
....
....
....
Quels en sont les avantages ? ....
....

....
....

Gardez en mémoire des souvenirs agréables et valorisants. Chaque fois que des pensées négatives vous surprennent, faites un geste pour vous en débarrasser, prenez plusieurs inspirations abdominales ou faites une activité sportive. Focalisez-vous sur un souvenir heureux ou valorisant, observez des choses positives autour de vous. (un geste tendre, la nature, un mot gentil)

Voyez les côtés positifs : (J'ai mes deux yeux, …) ....
....
....
....

Je suis libre d'aller où je veux. Je peux ....
....
....
....
....

Ma santé me permet de ....
....
....
....

Météo. ....
....

Un geste (mot, regard) qui vous a apporté un bienfait : ....
....
....
....

Autres points positifs : ....
....

Fiche 12 : Agir

Trouver une activité qui vous détende.

Yoga ou autres activités de relaxation : ....
....
....
....

Dessiner ou autres activités artistiques : ....
....
....
....

Créer un univers imaginaire ou autres activités créatrices : ....
....
....
....

Courir ou autres activités sportives : ....
....
....
....

Personnes qui ont une bonne influence sur moi et à contacter : ....
....
....
....

Je pratique ces activités ... heures par jour, ... jours par semaine.
....
....
....
....

Se tourner vers l'avenir.
Décrivez un objectif élevé. (Partir vivre dans un pays étranger, écrire une chanson, changer de vie…) ……………………………………
Je veux …………………………………………………………………

Décrivez des objectifs intermédiaires faciles à réaliser vous permettant d'atteindre un objectif élevé. (Se renseigner sur le pays étranger, écrire quelques lignes d'un livre) :

Printed in France by Amazon
Brétigny-sur-Orge, FR